DU GUSHI
XUE LIYI

读古诗 学礼仪

黛帕◎著

应急管理出版社
·北 京·

图书在版编目（CIP）数据

读古诗学礼仪／黛帕著．--北京：应急管理出版社，2021

ISBN 978－7－5020－7956－7

Ⅰ．①读…　Ⅱ．①黛…　Ⅲ．①古典诗歌—中国—中小学—课外读物　②礼仪—中小学—课外读物　Ⅳ．①G634

中国版本图书馆 CIP 数据核字（2021）第 075729 号

读古诗学礼仪

著　　者　黛　帕
责任编辑　高红勤
封面设计　久品轩

出版发行　应急管理出版社（北京市朝阳区芍药居 35 号　100029）
电　　话　010－84657898（总编室）　010－84657880（读者服务部）
网　　址　www. cciph. com. cn
印　　刷　三河市金泰源印务有限公司
经　　销　全国新华书店

开　　本　880mm×1230mm 1/32　**印张**　8　**字数**　156 千字
版　　次　2021 年 7 月第 1 版　2021 年 7 月第 1 次印刷
社内编号　20201534　　**定价**　48. 00 元

前言

“海岳尚可倾，吐诺终不移”是古人的诚信。“欲穷大地三千界，须上高峰八百盘”是古人的谦逊。“松柏本孤直，难为桃李颜”是古人的正直。“低徊愧人子，不敢叹风尘”是古人的孝顺。

古人的诚与信、正与直、谦与孝……都深藏在简短明了的诗句中，或激昂澎湃，或豪迈洒脱，或坚定不移，或悠扬婉转……

这一首首诗篇都是我们穿越古今的隧道。我们从这隧道中，幸运地拾得这些散发着古人智慧的诗篇。这来自遥远时代的文化精粹，闪动着一双双灵动的眸子，于无声之中，传递着智慧的礼仪。

在我国，诵读古诗词是几千年来行之有效的教育方法。在孩子还小的时候，就让他阅读背诵古诗词，即使他不懂其中的含义，但潜移默化是最好的教育。在他们长大的过程中，总会在某一时刻，遇见某一事情，然后想起自己曾读过的古诗。那平平仄仄的韵律，可以精确地诠释当下的心境，他自然就会明白诗中的含义。

《读古诗学礼仪》针对孩子的成长特征以及当下的教育环境，精选了55首经典古诗词，有脍炙人口的，也有独特小众的，篇篇精良。

为培养孩子健全的人格，我们从最需要的基本礼仪出发，将全书划分为“诚信”“谦逊”“正直”“感恩”“宽容”“孝亲”“尊师”“敬友”八个篇章。为孩子们在家庭生活、校园生活、社会生活中的礼仪提供借鉴，让孩子们更好地适应生活。

每一篇的知识结构又分为“经典原文”“重点注释”“古文今译”“礼仪故事”“实践应用”等五个板块。

“经典原文”摘录了经典古诗原文，方便孩子们诵读。“重点注释”则将诗人生平、诗中重点词语做了单独的解释，帮助孩子们更好地了解诗人，更准确地理解诗句。“古文今译”则带有“赏析”和“翻译”双重功能，将短小精美、意味隽永的古诗词铺展开来，深入浅出地帮助孩子们理解古诗词的意思，让孩子们更好地欣赏古诗词的美。“礼仪故事”则讲述古人讲礼仪的典型事迹。“实践应用”则是讲述小朋友在日常生活中对礼仪知识的实践事例。

这样的板块划分，还能够将“碎片化阅读”与“系统性阅读”充分结合。孩子的身心还处于发育阶段，太长的篇幅无法吸引孩子的注意力。《读古诗学礼仪》的板块划分，可以让孩子一点一点地品读古诗、学习礼仪，提高孩子的学习效果。

孩子可以根据自己的情况，每天看一个板块，也可以一天将一篇全部学完。这样具有灵活性的板块，远比一股脑儿的灌输更让孩子喜欢。而这些看似“碎片”的片段，通过“礼仪”这条线，将所有内容有机地连缀起来，形成了一个逻辑严密的体系，让孩子在“碎片”阅读中完成“系统”的学习。

让我们陪孩子，一起跟着古诗的节律，感受古诗词里的礼仪之美，学习古诗中的礼仪吧。相信这样一本书，可以带给孩子对礼仪的敏锐感受——对正直的敬畏，对宽容的理解，对孝顺的担当……愿孩子们能从这本书出发，开始爱上古诗词，爱上礼仪，爱上我们的传统文化。

目录

第一章　诚信

第二章　谦逊

第三章　正直

第四章　感恩

第五章　宽容

第六章　孝亲

第七章　尊师

第八章　敬友

第一章 诚信

经典原文

咏商鞅

宋　王安石

自古驱民在信诚，一言为重百金轻。

今人未可非商鞅，商鞅能令政必行。

重点注释

◎商鞅：战国时期政治家、改革家、思想家，法家代表人物。

◎王安石：字介甫，号半山，谥文，封荆国公。世人又称王荆公。北宋著名政治家、思想家、文学家、改革家，唐宋八大家之一。

◎驱：驱动，驾驭，这里是指驾驭群众，让群众信服。

◎百：虚数，代指很多。

◎未可：不要。

◎非：非议，责怪。

古文今译

自古以来，治理国家，驾驭民众，关键在于“诚信”二字。比起百斤黄金来，一句话的诺言更值得重视。所以，后人不要轻易地诋毁、非议商鞅。商鞅能够让改革的政令一定实施。

礼仪故事

商鞅立木为信

那么，商鞅是怎么让改革的政令一定实施的呢？那就要说到商鞅立木为信的故事了。

战国时，秦孝公想通过改革来让秦国壮大实力，兵强马壮。他任命商鞅为左庶长，让商鞅来主持秦国的变法。有了秦孝公的支持，商鞅信心百倍，开始改革。他首先起草了一个改革的法令。

商鞅十分有远见。他怕老百姓不信任自己，不按照新法令去做，就想了一个办法来树立自己的威信。他先叫人在都城的南门竖了一根三丈高的木头，并且说：“谁能把这根木头扛到北门去，就赏十两金子。”

十两金子啊！在当时，那够很多人吃喝一辈子了。赏金如此诱人，不一会儿，南门口围了一大堆人。大家议论纷纷。有的说：“这根木头谁都拿得动，哪里用得着十两赏金？”有的说：“这大概是左庶长成心与大家开玩笑吧。”大伙儿你瞧我，我瞧你，就是没有一个敢上去扛木头的。

商鞅知道老百姓还是不相信自己能够兑现赏金，就把赏金提到 50 两。他没有想到赏金越高，看热闹的人就越觉得这事情不符合常理。于是，仍旧没人敢去扛木头。

正在大伙儿议论纷纷的时候，人群中有一个人跑出来，说：“我来试试。”他说着，真的把木头扛起来就走，一直扛到北门。

商鞅立刻派人赏给扛木头的人 50 两黄澄澄的金子，一点儿也没少。

这件事立即传了出去，一下子轰动了秦国。老百姓说：“左庶长的话真的可以相信，他是个守信用的人。”

听到这样的议论，商鞅知道，他的命令已经起了作用，就把他起草的新法令公布出去。新法令赏罚分明，规定官职的大小和爵位的高低以打仗立功为标准。贵族没有军功的就没有爵位；多生产粮食和布帛的，免除田税；凡是为了做买卖和因为懒惰而贫穷的，连同妻子儿女都罚做官府的奴婢。

这样大规模的改革，当然会引起激烈的社会矛盾。许多贵族、大臣都反对新法。有一次，秦国的太子犯了法。商鞅对秦孝公说：“国家的法令必须上下一律遵守。要是上头的人不能遵守，下面的人就不信任朝廷了。太子犯法，他的师傅应当受罚。”

结果，商鞅对太子的两个师傅公子虔和公孙贾都进行

了惩罚，一个割掉了鼻子，一个在脸上刺上字。这样一来，一些贵族、大臣都不敢触犯新法了。

这样过了十年，秦国粮食产量增加了，军事力量也强大了。秦国变得越来越富强，周天子打发使者送祭肉来给秦孝公，封他为“方伯”（一方诸侯的首领），中原的诸侯国也纷纷向秦国道贺。

不久，秦国进攻魏国的西部，从河西打到河东，把魏国的都城安邑也打了下来。魏国不得不割让河西土地，把国都迁到大梁（今河南开封）。

商鞅变法成功的一个主要原因，就在于取信于民，兑现承诺。守信，是一个人最为基本的品德要求，更是一个国家树立“令行禁止”的国家形象的重要标准。要让老百姓听从指挥，就要说到做到。一个国家没有了信用，老百姓就有理由不相信它，它的法度就难以贯彻执行。

同样，在生活中，我们要让别人信任我们，就应该信守承诺，答应别人的事情，就一定要做到。不论这件事情多么不重要，都要放在心上，并且努力做好。做好了答应别人的事，得到别人的信任就很容易了。

实践应用

明明和然然是同班同学。明明的妈妈给明明买了一本好看的百科全书，然然看到后，想借来看。明明答应了星期五的时候借给然然，让他在周末看两天。

但是星期五的时候，明明却没有带百科全书来。然然因为周末没有书看，心情很是低落。后来然然才知道，明明答应了好多人周末借书给他们，结果都因为没有带书来而失约。明明不知道，他这一次次的失约，让同学们都不信任他了。

然然央求妈妈给他买这本百科全书。妈妈说：“如果你这次考试得了全班第一名，就给你买这本百科全书作为奖励。”然然学习很努力，真的得了全班第一名。妈妈果真给他买了那本百科全书。

知道然然有百科全书后，同学们争先恐后地找然然借书。然然说：“这星期我先看，看完了借给你们。”然后找来小本子，把借书同学的名字都按照时间顺序写好，能接受排名的就打钩，一个同学看三天，看完传给另一个同学。

明明看到大家都围着然然，就说：“我也有这本书，我

可以借给你们啊。”同学们说：“算了吧，万一你又忘记拿来了呢？”

所以，答应同学的事，一定要做到。要不然，就不要答应。如果答应别人的事做不到的话，别人就不会相信你了。因此，我们要从小就养成诚信的好品德。

经典原文

述 怀

唐 魏征

中原初逐鹿，投笔事戎轩。纵横计不就，慷慨志犹存。
杖策谒天子，驱马出关门。请缨系南越，凭轼下东藩。
郁纡陟高岫，出没望平原。古木鸣寒鸟，空山啼夜猿。
既伤千里目，还惊九逝魂。岂不惮艰险？深怀国士恩。
季布无二诺，侯嬴重一言。人生感意气，功名谁复论。

重点注释

◎述怀：陈述自己的怀抱、志向。

◎魏征：字玄成，谥号文贞，封郑国公。唐朝宰相，杰出的政治家、思想家、文学家和史学家。唐朝开国功臣，辅佐唐太宗共创“贞观之治”。

◎中原：原指黄河南北一带，这里代指中国。

◎逐鹿：比喻争夺政权。

◎事戎轩：即从军，戎轩指兵车；亦以借指军队、军事。

◎纵横计：进献夺取天下的谋略。

◎不就：不被采纳。

◎慷慨志：奋发有为的雄心壮志。

◎杖：拿。策：谋略。谒：面见。　◎关：潼关。

◎凭轼：乘车。轼，古代车厢前面用作扶手的横木。

◎下：使敌人降服。

◎东藩：东边的属国。

◎郁纡［yù yū］：山路盘曲迂回，崎岖难行。

◎陟［zhì］：登。　◎岫［xiù］：山。

◎千里目：荒凉冷落，令人凄伤的景象。

◎九逝魂：旅途遥远而艰险。九，表示多次。

◎惮：畏惧，害怕。　◎怀：感。

◎国士：一国之中的杰出人才。　◎恩：待遇。

◎侯嬴：年纪很大了才做到监门小吏。信陵君亲自驾着马车，迎为上客。魏王命将军晋鄙领兵十万救赵，但晋鄙中途停兵不进。侯嬴献计窃得兵符，夺权代将，救赵却秦。

◎意气：指志趣投合，君臣际遇，必须实践诺言，知恩图报。

◎谁复论：谁还能去计较。

古文今译

如今是一个群豪并起、争夺天下的时代，好男儿当弃文从武成就一番事业。我曾经向魏王李密献计，但他没有采纳，我并没有因此丧失心中的壮志。之后我又把新的计谋献给天子，领命纵马西出潼关。终军当年请缨去抓南越王，我乘车往东去招降李密旧部和各路豪强。

我骑马盘旋在崎岖的山路间，放眼望去，山下的平原时隐时现。山林间寒鸟悲鸣，深山中不时传来猿啼。远远望去一片荒凉，不知前途将会怎样，凶吉难卜。在这样的环境中，怎么会不担心个人的生命安全呢？但一想到唐王对我以国士之礼相待，我不敢不尽心以报其知遇之恩。季布、侯嬴都是千金一诺的人物。人活在世上，应该像他们一样意气当先，又何必在意那些功名利禄。

礼仪故事

季布信守承诺

魏征诗中的“季布无二诺”说的是季布信守承诺的故事。楚汉相争时，在楚地有一个叫季布的人，性情耿直，喜欢行侠仗义。只要是他答应过的事情，无论有多大困难，都会想办法做到。他诚实守信的做法受到大家的赞扬。于是楚地流行一句谚语：“得黄金百斤，不如得季布一诺。”

当时季布是项羽手下的猛将，跟着项羽出生入死，冲锋陷阵，立下了汗马功劳。刘邦作为项羽的对手，对季布深为痛恨。等刘邦做了西汉皇帝后，就下令以千两黄金的重赏捉拿季布。

季布平时言而有信，答应别人的事情，一定竭尽全力去做，从不使人失望。这种美好的品质使他赢得了许多朋友。

当时敬佩季布为人的人，都在暗中帮助他。季布经过乔装打扮，到山东一家姓朱的人家当佣工。朱家在知道他是季布的情况下，仍然收留了他。后来，朱家又到洛阳去找刘邦的老朋友夏侯婴，让他为季布说情。

夏侯婴对刘邦说：“以前季布为项羽打仗，这是他作为项羽部下应尽的责任。现在陛下为了从前的仇恨捉拿季布，器量未免显得太小了。况且陛下如此仇视季布，假使季布心生畏惧而投奔他国，这不是给陛下增添了麻烦吗？倒不如现在就把他召进宫来，委以官职。”

刘邦觉得有理，马上派人撤去告示，并将季布召进宫来，任命他为郎中。

季布因为诚信，赢得了当时许多人的敬重和帮助，更因为诚信，免去了杀身之祸，后来还被西汉皇帝刘邦委任为郎中。所以，诚信往往会在你看不到的时候，已经为你积累了一次又一次的好运。

同样，在生活中，你如果是个诚信的人，说不定今后，诚信也会给你带来许多好运。

实践应用

妈妈叫小花到隔壁小区的菜市场买葱。小花蹦蹦跶跶地去了菜市场。在菜市场入口，小花看到一个穿着朴素的老奶奶在摆摊。摊上的菜已经卖得差不多了，只剩三棵小白菜、一把菠菜、一把葱。小花想，如果自己把菜都买了，老奶奶就可以早点儿回家了。

小花问：“老奶奶，这些菜一共要多少钱？”老奶奶说：“一共十块钱。”虽然十块钱很便宜了，但是小花身上只有五块钱。

小花说:“我想把这些菜全买了,可是我身上只有五块钱,另外五块钱我明天给行吗?”老奶奶看着小花说:“好的。”

小花付了五块钱,拿了菜回去,想着明天再过来付另外的五块钱。

回到家,小花跟妈妈说了买菜的事情。妈妈说:“给你五块钱,快点儿给老奶奶送去吧。”小花心想现在老奶奶应该是回家了,但是她还想试试运气。等她来到菜市场时,老奶奶果然已经不在原来的位置了。

第二天她照常去菜市场,也没有看见老奶奶。第三天是星期一,她上课之前去了菜市场,老奶奶没有来。下课后她又去了菜市场,还是没有看到老奶奶。她连续一个星期去菜市场,都没有看见那个老奶奶。

因为没有老奶奶的联系电话,小花只能去菜市场等她。一眨眼,时间就过了半个月。这一天早上,小花去菜市场,看到老奶奶又在原来的位置摆摊。

小花把欠的五块钱还给了老奶奶。老奶奶看着小花说:“好孩子,时间久了,我都已经忘记这回事了。谢谢你还记着。”然后拿了一棵白菜送给小花。小花推辞说不能要。老奶奶说:“这是对你诚信的奖励,你收着吧。”

小花回到了家,把白菜拿给妈妈,并且跟妈妈说了这件事。妈妈说:“诚信是难得的品质。最主要的是你坚持不懈地等了半个月,这当中又融合了坚持的好品质。老奶奶奖励了你一棵白菜,我也要给你一些奖励。你想要什么?”

“太好啦,我想要一大盒水彩笔!”小花高兴地说道。

小花原本以为要等这次期末考试取得优异成绩,才会

有奖励。没想到自己坚持还老奶奶的钱，就拥有了梦寐以求的水彩笔。

小花如果不去找老奶奶还钱，老奶奶也就忘了这件事。但是她去找了，找不到就一直坚持等。说了要还老奶奶的五块钱，就一定要做到。

这诚信的好品质，让她拥有了梦寐以求的水彩笔。

经典原文

中和乐九章·总歌第九

唐　卢照邻

明明天子兮圣德扬，穆穆皇后兮阴化康。
登若木兮坐明堂，池濛汜兮家扶桑。
武化偃兮文化昌，礼乐昭兮股肱良。
君臣已定兮君永无疆，颜子更生兮徒皇皇。
若有人兮天一方，忠为衣兮信为裳。
餐白玉兮饮琼芳，心思荃兮路阻长。

重点注释

◎卢照邻：字升之，自号幽忧子，汉族，幽州范阳（治今河北省涿州市）人，与王勃、杨炯、骆宾王齐名，世称“王杨卢骆”，号为“初唐四杰”。

◎明明：清楚，显然，确实。

◎穆穆：端庄恭敬。

◎濛汜［méng sì］：古代神话中所指日入之处。

◎家：居住。

◎偃：停止。

◎昌：兴盛。

◎昭：明显，显著。

◎股肱［gǔ gōng］：大腿和胳膊。指躯体的重要部分。引申为辅佐君主的大臣。

◎皇皇：旺盛的样子。

◎荃：古书上说的一种香草，亦用以喻国君。

古文今译

天子那至高无上的道德，让人忍不住赞扬，端庄恭敬的皇后把阴暗都变成了明亮。登上由神木做的椅子，就像在坐在宽敞明亮的大堂一样。在日落的时候，回到旁边种满庄稼的田园里，悠然幸福。

野蛮的武力破坏都停止了，礼仪文化都日益兴盛。礼乐的教化作用越来越显著，辅佐君主的大臣都是忠良的人，君主和臣子的身份分明。君主的土地宽阔无边，百姓安居乐业，他们的脸上都洋溢着幸福的笑容。

如果有人成为神仙站在天边，那一定是穿着忠心和诚信做的衣裳，吃着白玉一样的粮食，喝着芬芳的佳酿……要成为这样的国君，那道路真是又困难又漫长。

礼仪故事

种不出花朵的男孩

诚实守信不只是一个普通人安身立命的根本，更是一个国家君主必备的品质。有人就因为诚信，成了国王。

从前，有个老国王没有孩子，所以想在全国挑选一个孩子来继承他的王位。可是，哪个孩子最适合当国王呢？他想啊想，终于有了一个主意——考察这个国家的孩子，看谁具有国王应该有的品质。

于是，国王把全国的孩子都召集起来，发给每个孩子一粒花籽和一个空花盆，要他们种一盆花。三个月后，谁种的花最美丽，谁就会成为国王的王位继承人。

有个孩子回家后，把花籽种在花盆里，天天浇水。可是日子一天一天地过去了，花盆里什么也没有长出来。他换了一个花盆，又换了一些土，再把那粒花籽种上。可是两个月过去了，花盆里还是没有一点儿动静。

三个月很快就过去了，全国各地的孩子又聚集到王宫前，他们手中的花多么美丽啊！可是国王一个个看过去，脸色却越来越阴沉。

在五颜六色的花中间，有一个小孩的花盆中空空的，什么也没有。他伤心地擦着眼泪。

国王看到他后，露出笑容。国王问他："孩子，你为什么哭呀？"

男孩回答："尊敬的国王，我每天辛勤地浇水，细心地施肥，即使睡觉，也把花盆搂在怀里。但是，我却什么也没种出来。"

国王听了哈哈大笑："诚实的孩子呀，你不会种出任何花草的。因为我给你们的都是煮熟的种子！"

国王说完，所有的孩子都惊呆了。煮熟的种子当然不会发芽，更不会开花。有些孩子发现种子不发芽时，就把种子换了。还有一些孩子干脆把另一盆花移到了自己的花盆里。只有那个小男孩捧着空花盆来见国王，所以他是诚实的孩子。

"你就是我要找的孩子，我要让你做将来的国王！"国王继续说道。

其实，国王想看的不是哪个孩子种的花最漂亮，而是哪个孩子最诚实。要知道，诚实是一个人最重要的品质，不管他是国王，还是一个普通的孩子。

实践应用

一天，琳琳的学校举行跳蚤市场的活动。同学们都拿出用不着的物品摆在操场上出售或者交换自己需要的东西。

在琳琳的摊位还没有摆好的时候，一位同学伸手指向一个布娃娃说：“你把这个布娃娃拿给我看看，可以吗？”她接过琳琳递来的布娃娃，仔仔细细地看了一遍，问：“这个布娃娃多少钱？”

“13元。”琳琳说。那个同学二话不说就把钱掏了出来，可是数来数去只有十元。她不好意思地对琳琳说：“你给我留一下，我一会儿就来拿。我先去找同学借钱。”

这位同学走后，又有一位女同学想买那个布娃娃，便问琳琳多少钱卖。琳琳告诉她：“这个布娃娃不卖，已经有人预定了。”那位女同学十分喜爱这个布娃娃，便对琳琳说：“别人给你多少钱？我再给你加两元！”

琳琳摇摇头。“三元！”琳琳还是摇头。她以为琳琳还是嫌钱少，便说：“五元！”琳琳坚决地摇了摇头。旁边的人都替琳琳着急，说：“她给的钱多，不卖白不卖。”

琳琳却说：“同学，做人要讲诚信。我既然答应给人家留着，就不能说话不算数。虽然你给的钱多，但我不能因为多赚钱而不讲诚信。下次，如果有好看的娃娃，我一定留给你。”

那位同学听了琳琳的话，便没有再坚持。过了一会儿，

那位去借钱的同学急急忙忙地赶来了。看到娃娃还在，她长长地舒了一口气。她开心地付了钱，并且说，以后如果还有跳蚤市场，一定带同学到琳琳那里买东西。这件事以后，她们成了无话不谈、互相帮忙的好朋友。

诚信是友谊的源泉，我们以真诚的心对待别人，别人也会以真诚的心对待我们。坚守诚信，能够让我们结识许多好朋友。

经典原文

许　由

宋　吕祖谦

许由不耐事，逃尧独参寥。行至箕山下，盈耳康衢谣。

谓此汙我耳，临流洗尘嚣。水中见日驭，劳苦如尧朝。

尧天接山际，尧云抹山椒。谁云能避世，处处悉逢尧。

重点注释

◎吕祖谦，字伯恭，世称“东莱先生”，婺［wù］州（今浙江金华）人。南宋著名理学家、文学家，与朱熹、张栻［shì］齐名，并称“东南三贤”。　◎耐：经受得起。

◎参寥:《庄子》中虚拟的人名，寓意虚空高远。

◎箕山：位于河南省。　◎盈：满，全部。

◎康衢［qú］谣：古曲名。代指禅让。相传，尧主政五十年，有一天到康衢微服私访，听到儿童唱歌，甚为高兴，归来后就禅让天下于舜。之后人们把儿童唱的歌叫康衢谣。

◎汙［wū］：通“污”。　◎临：来，到。

◎流：河流。　◎尘嚣：指人世间的烦扰、喧嚣。

◎日驭［yù］：指太阳。　◎山椒：山的尖。

◎悉：尽，全。

古文今译

尧想把帝位传给有贤德的人。许由的德行一直受到人们的赞扬。于是便有人说尧想把帝位传给许由。但是许由不喜欢当帝王。他经受不住世事打扰，就想到世外去隐居。

他逃到了秦岭东面的箕山，还是能够听到儿童唱的《康衢谣》。他说："这简直就是脏了我的耳朵。"所以就到水边去洗耳朵，顺便洗去尘世喧嚣的侵扰。

但是当他来到水边，从水里看见了太阳，这太阳就像尧一样，时时刻刻都在他身边。他抬头看了看天，天空无边无际，一直连接到远方的高山。天空是尧的天空，天上的云就像覆盖在山尖上一样，云也是尧的云。在这种情况下，谁又能够逃离尧，去避世呢？到处都是尧的影子呀！

礼仪故事

许由沽名钓誉

尧帝是上古时候的明君。他到晚年的时候，想把天下让给有贤德的人。人们都说许由是一位高士贤人，隐居在箕山。尧就跑到山里去找许由。

到了许由隐居的地方，尧就开口了："先生啊！如果日月高挂在天空，那么火把就是多余的了；如果天上下起大雨，那么还用得着人工浇灌吗？现在有您这样的高士，还要我在这个位置上做什么呢？请您出来治理天下吧！"

许由说："我看还是算了吧。你治理天下已经很好了，我再出来当天子，难道是为了博得名声吗？名声这东西，是很次要的东西，我实在用不着。打个比方吧，就算一大片树林都归鷦鷯［jiāo liáo］（一种鸟）所有，它也不过在一根树枝上筑巢；就算一整条大河都归鼹鼠所有，它喝水也不过充满它的小肚皮——我要那么大的名声干啥呢？你还是回去吧。就算厨师不做饭，管祭祀的人也不该代替他去准备酒菜呀！”

尧还不死心，嘟嘟囔囔地在一旁劝说。许由不耐烦了，跑到颍水边上去洗耳朵，意思是说，尧说的这些话脏了他的耳朵。尧看见人家这么决绝，也只好悻悻地回去了。

这时候，一个叫巢父的人，牵着牛从河边经过，看见许由在洗耳朵，就问是怎么回事。

许由把尧让天下的事情告诉了巢父。巢父听了，撇着嘴一笑，说：“你快别假充高人隐士了。你如果是真的隐士，自己悄悄地待在山里，谁又会知道你呢？像你现在这样，搞得满城风雨，连天子都知道你的名声，你还好意思说自己是隐士吗？”

然后，巢父牵着牛往河的上游走去。临走时，他留下一句话：“我的牛要到上游去喝水，别让你洗耳朵的水脏了牛的嘴！”

许由听后脸上火辣辣的，想要反驳巢父却无从说起。因为他的确心口不　，沽名钓誉。

现实中，像许由一样不能诚实地面对自己内心的人也有很多。有的人明明没有那么大的才能，却到处宣扬自己的名声。就像考试看了同学的答案，却说是自己做的一样。

在任何时候，我们都要诚实地面对自己。要不然，总会有巢父一样的人，来揭穿你的伪装。

实践应用

要成为一个心口如一的诚实人，有时候并不是一件容易的事情。大多时候，我们需要跟自己的内心做斗争，才能练就诚实的品格。

杨杨在期中考试的时候，就经历了一场关于诚信的心理拉锯战。

在数学考试前，杨杨和同桌打赌，如果谁没有考100分，就要请考了100分的人吃冰激凌。如果两个人都考了100分，就不用请了。

杨杨看了试卷后，信心百倍地做了起来。考完后他感觉良好，觉得自己一定会得100分。第二天，卷子的评分出来了，他和同桌都考了100分。

杨杨开心极了，欢呼雀跃，就好像捡了金币一样。因为他不用请同桌吃冰激凌了。

于是，杨杨开始翻阅试卷。可是，当他翻到第二面时，猛然发现有一道判断题做错了，被扣了1分。照理说，他的成绩只有99分，怎么会是100分呢？他又反反复复地看了几遍，最终确认：肯定是老师忘记扣分了！

究竟要不要跟老师说呢？说吧，这好不容易得到的100分就没了，还要请同桌吃冰激凌。而且，他这个星期的零花钱只剩下2块钱了。不说吧，这心里头总是疙疙瘩瘩的。经过一番激烈的思想斗争后，杨杨最后决定了：说！

下课以后，他拿着卷子找到老师，指着那道错误的判断题对老师说："老师，这道题您在这儿扣了分，在成绩那边却没扣。请您改回来吧，我没有考100分。"

老师把卷子拿过去，看了一会儿，然后掏出红笔，将"100"改成了"99"，还夸他诚实，说他长大后一定是个顶天立地的大丈夫。因为他诚实，还勇敢地指出了老师的错

误，并且不贪恋不属于自己的分数。

虽然100分没了，还要用仅剩的2块钱请同桌吃冰激凌，但杨杨心里却无比的开心与轻松。去掉1分，却得到了心灵的宁静与快乐。

其实每个人的心里都有一双眼睛，它会对自我的一举一动做出评判。一个人要想让自己的心中没有任何杂音，就务必规范自我的言行举止。想要获得心灵的轻松与快乐，就要坚守美好的品格。

经典原文

侠客行（节选）

唐　李白

闲过信陵饮，脱剑膝前横。
将炙啖朱亥，持觞劝侯嬴。

三杯吐然诺，五岳倒为轻。

眼花耳热后，意气素霓生。

重点注释

◎这是一首描写和歌颂侠客的古体五言诗，是李白古风五十九首中的一首。“行”，这里不是行走的行，而是歌行体的行，等于说“侠客的歌”。

◎李白：字太白，号青莲居士，是唐代伟大的浪漫主义诗人。

◎闲：空闲。

◎信陵：信陵君，战国四公子之一，为人礼贤下士，门下食客三千余人。

◎脱：脱下。古代的剑是背在背上的。

◎横：横放在……之上。

◎炙：烤肉。　◎啖朱亥：让朱亥来吃。啖，吃。

◎朱亥、侯嬴：他们都是信陵君的门客。朱亥本是一屠夫，侯嬴原是魏国都城大梁东门的门官，两人都受到信陵君的礼遇，都为信陵君所用。

◎持：拿着，握住。　◎觞：酒杯。代指美酒。

◎三杯：多杯。古诗文中，三、九常是虚指。

◎然诺：允诺，答应。引申为言而有信。

◎五岳：指五座名山，分别是东岳泰山、西岳华山、南岳衡山、北岳恒山、中岳嵩山。

◎素霓：白虹。古人认为，凡要出现不寻常的大事，就会有不寻常的天象出现，如“白虹贯日”。

古文今译

空闲的时候，就走路到信陵君那里去喝酒，把背上的剑拿下来横在膝盖上。想象着与朱亥一起大块吃肉，与侯嬴一道大碗喝酒。几杯热酒下肚后，便慷慨许诺，愿为知己两肋插刀。只要是许出的诺言就会坚守，这份承诺重于五岳名山。酒后眼花耳热，侠客重诺言、轻死生的精神感动了上天，天上出现了白虹。

礼仪故事

晏殊诚实得重用

在前面的诗中，我们学到了侠义之士对于诺言的看重与坚守。他们为了兑现给友人的诺言，甚至可以舍弃生命。那么，与侠士对应的文人，他们在诚实守信方面又做得如何呢？我们来看看北宋词人晏殊的故事吧。

晏殊不仅才华横溢，而且非常诚实。在他十四岁时，有人把他作为神童举荐给皇帝。皇帝召见他，让他与一千多名进士同时参加考试。结果晏殊发现考题自己十天前练习过，就如实向宋真宗报告，并请求改换其他题目。

宋真宗非常赞赏晏殊的诚实品质，便赐给他“同进士出身”。于是，晏殊成了京城人人羡慕的京官。当时，正值天下太平，没有什么大事需要处理。于是，京城的大小官员都经常到郊外游玩。有些官员则在城内的酒楼茶馆举行各种宴会。晏殊家里比较穷，没有多余的钱财去应酬享乐。所以他从来没有外出游玩，参加聚会，只在家里和兄弟们读书、写字。

有一天，宋真宗突然下旨，提升晏殊为辅佐太子读书的东宫官。大臣们对此惊讶异常，不明白宋真宗为何做出这样的决定。真宗说："最近一段时间，大臣们不论官位的高低，都经常外出游玩聚会，吃喝玩乐。只有晏殊一人闭门读书，如此自重谨慎，正是东宫官合适的人选。"

晏殊谢恩后说："我其实也是个喜欢游玩、聚会、吃喝玩乐的人，只是家里穷，没有钱游玩而已。如果我有钱，早就去参与游玩、聚会了。"

这两件事，都能够看出晏殊的诚实品质，做过的试题主动提出来，受到了夸奖也没有沾沾自喜，而是说出了真实原因。

此后他在皇帝和大臣面前，树立了诚实守信的良好形象，成为宋朝大臣中诚实守信的标杆。宋真宗也因此更加信任他。

前面我们了解到诚信能够让人们收获内心的宁静。现在，我们从晏殊的故事中知道，诚信还能让你赢得别人的赏识。晏殊能够得到皇帝的赞赏和重用，都是因为他诚实的言行。

实践应用

在看完下面宋宋的故事后，我们就会知道，选择诚信还可以让人们获得愉快。

炎炎夏日，中午没回家的宋宋坐在树荫下，揣摩着怎样度过这个乏味又单调的中午。空旷的操场上几乎没有人。学生们不是躲在教室里享受凉爽，就是窝在小卖部蹭空调和买碎碎冰。

这时，宋宋发现操场边的树荫下有几张海报。引起宋宋注意的不是海报，而是从海报内露出的一角粉红色的纸。宋宋环顾了一下四周，没人！便迅速地从海报里抽出那张粉红色的纸——一张 100 元的现金！宋宋紧张得心怦怦直跳。太好了，这下宋宋就不用为期盼已久的历史书而烦恼了！跑到书店门口，宋宋突然停下脚步，想起了老师平时的谆谆教诲——做人要诚实，就觉得心里很空。

转念一想，反正也没有人看见。书也需要买呀……可是，宋宋十分惆怅。宋宋掉头回到操场上，又一次陷入了魔鬼与天使的斗争中。是该把这 100 元据为己有？还是做一个拾金不昧的好孩子？

经过一番思想斗争，宋宋决定把这 100 元钱交给老师。

老师接过宋宋交上来的钱，夸奖宋宋是个拾金不昧的诚实孩子。第二天课间操的时候，广播里播放了宋宋拾金

不昧的好人好事，并且请丢钱的同学到失物处领取。

听了这条广播后，同学们纷纷夸奖宋宋。宋宋有点儿不好意思，但是心里美滋滋的。整整一个星期，宋宋都因为这件事而开心。后来一想到这件事，心里就像吃了蜂蜜一样，又甜又美。

但是谁能够想到，宋宋在做这个决定之前，经历了多么激烈的思想斗争，甚至在老师的办公室前徘徊了许久。所幸他最后做了一个让自己开心的正确决定。

人生在世，总会有一些时候充满了诱惑，诱惑我们做错事。有些事，做错了，就会留下终身遗憾。所以，在面对诱惑的时候，我们一定要从心里出发，做出正确的选择。就像宋宋一样，即使有过犹豫的瞬间，最后依然选择了正确的道路。

经典原文

程婴墓

宋　刘子翚

停车莽苍认孤坟，烈烈英标尚想存。

已脱遗孤安赵氏，更轻一死报公孙。

荒林雀噪风常急，古道人稀日自昏。

惆怅九原如可作，欲凭楚些为招魂。

重点注释

◎程婴：春秋时晋国人，晋景公三年（前597年）和公孙杵臼［chǔ jiù］合谋，藏匿赵氏孤儿赵武。程婴墓，一说是在山西省忻州，一说是在襄汾县。忻州有祠有墓，襄汾据说只存墓地。

◎刘子翚：生于北宋建中靖国元年（1101 年），卒于南宋绍兴十七年（1147 年），字彦冲、文平，号屏山病翁，崇安（今属福建武夷山市）人。

◎莽苍：辽阔遥远而望不到边。

◎烈烈：是指猛火炎炽的样子；引申为显豁、显著等。

◎安：安抚。　◎赵氏：赵氏家族。

◎公孙：公孙杵臼。

◎噪：许多鸟或虫子乱叫，形容声音杂乱。

◎九原：指春秋时晋国卿大夫的墓地，后泛指墓地；亦指九泉、黄泉等。　◎作：起，兴起。

◎楚些：楚国民间流行的招魂词，句尾皆有“些”字。后以“楚些”代指招魂歌，亦泛指楚地的乐调或《楚辞》。

古文今译

我在苍茫无边的地方，想找到程婴的墓地，为他吊唁。他是高尚的英雄，即使去世了，精神还存留在世间。程婴把赵氏孤儿抚养长大，九泉之下的赵公应该可以得到安慰了。

荒废的森林里，鸟儿们叽叽喳喳，吵闹不停，风却是常常呼啸而过。古老的道路人烟稀少，唯有太阳日复一日自顾自地升起落下。让人想要凭借着招魂歌，把九泉之下英雄的魂魄找回来，让他们复活。

程婴冒死养孤儿

春秋晋灵公时期，赵盾一家三百多口都被武将屠岸贾陷害而死，仅留存一个刚出生的婴儿，即赵氏孤儿赵武。

为保存赵家唯一血脉，赵氏孤儿的母亲晋国公主托付医生程婴将孤儿带走，并自缢身死。程婴将赵氏孤儿藏在药箱中，欲带出宫门，可偏又遇到屠岸贾部下韩厥。韩厥深知此乃忠良之后，便放走程婴和赵氏孤儿，然后自刎身亡。

屠岸贾搜不到赵氏孤儿，就下令将全城一个月大到半岁之间的孩子都囚禁起来。如果有人窝藏赵氏孤儿，就将这些孩子全部杀死。程婴在走投无路之下，找到了晋国的退隐老臣公孙杵臼。程婴对公孙杵臼说："这次侥幸逃过去了，终究不是解决问题的办法，得想一个万全之策。"

公孙杵臼问他："扶立孤儿和甘愿赴死，哪一个更容易些？"

程婴说："当然死更容易一些。"

公孙杵臼说："那就让我做容易一些的，你做那件比较难的事情吧。"

他们二人定下一条计策，给程婴的孩子穿上华丽的衣服，扮成赵朔儿子的样子，由公孙杵臼抱到山里藏了起来。然后，程婴跑到屠岸贾手下的一个将军那里，假装告密，说："我程婴是个平常的人，怎么能承担扶立赵氏孤儿的重任呢？所以，谁能给我一千两黄金，我就告诉他赵氏孤儿藏在哪里。"

那个将军一听，立即满足了程婴的"要求"。

于是，程婴带着他们，来到公孙杵臼的藏身处，抓住了公孙杵臼。而且，他的怀里果然抱着一个男孩。

公孙杵臼一见是程婴，愤怒地破口大骂：“小人！赵朔被杀的时候，你不殉死，还与我商议什么扶立孤儿的事。如今看来，这一切都是假的！”他紧紧地抱着孩子，哭道：“天哪，他只是一个孩子，他有什么过错呀？你们要杀，就杀了我吧。求求你们，放过这个孩子吧！”

屠岸贾杀死假扮赵氏孤儿的程婴儿子后，公孙杵臼愤然撞阶自杀。程婴将赵氏孤儿当作儿子来抚养。

屠岸贾以为赵氏孤儿已经除掉了，十分高兴，戒备也就松懈了下来。程婴就在屠岸贾的眼皮底下，将赵氏孤儿抚养长大。

十五年后，赵氏孤儿赵武长大，得知了自己的身世。赵武在韩厥的帮助下，与程婴一起还朝，带兵征伐屠岸贾，杀死了这个仇人。

程婴见赵武大仇得报，陈冤得雪，不肯独享富贵，拔剑自刎，追随他的好友公孙杵臼去了。他死后，与公孙杵臼合葬一墓，后人称为“二义冢”。

赵武为程婴守孝三年，以后每年春秋两季，都带家人前去祭祀，代代不绝。赵武在晋国担任正卿等重要职位，为晋国的稳定发展做出了很大贡献。

程婴冒着生命危险救了赵氏孤儿赵武，并将他抚养长大。他这样做，一方面是为人忠良，知道感恩；另一方面也是信守对公孙杵臼的承诺，抚养赵氏孤儿赵武长大成人。

我们这时代，或许再也不会遇到像程婴这样舍身救孤的事，但是信守承诺，依旧是人们推崇的美好品质。

实践应用

坚守内心是一件说容易也不容易的事。从小白的经历中，我们可以知道坚守诚信的品质，有时候需要付出的，是生活的轻松和快乐。

小白是一个家境贫困的初中生。前几天，他家的房子发生火灾，大火烧毁了一切。这让贫寒的家庭更是雪上加霜。

学校师生知道之后，纷纷给小白家里捐款捐物。一个星期之后，小白收到了一大袋的衣服和一些现金。第二天，他穿着同学们捐赠的一件蓝色外套去上学。走出家门后，他习惯性地把手插在衣服口袋里。没承想，他在口袋里摸到了纸张一样的东西。他以为是草稿纸，拿出来一看，却是三张洗过后的百元钞票！

他立马回到家中，把衣服换了下来。然后，他带着衣服去学校，跟班主任说明了实际情况。因为衣服不仅有同班同学捐的，还有其他班不认识的同学捐赠的。班主任和小白带着衣服，一个班一个班地询问这是谁捐的。他们忙碌了一上午，总算找到了初三（2）班那位捐衣服的同学。

那个学生早已忘记蓝色外套口袋里有300块钱了，只记得自己丢了300块钱。他非常感谢小白送钱回来，也知道小白家境不好，就想把钱送给小白。

但是小白拒绝了。小白说，现在捐款已经够用了，就不必再给他捐了。况且他收到了这位同学捐出的衣服，已经十分感激。

捐衣服的同学深知这300块钱对于小白来说意味着什

么。所以在小白把钱送回后，他更加佩服小白。

在走回班里的时候，班主任问小白："你为什么没有将那300块钱据为己有呢？"

小白说："藏了那300块钱，生活可能会过得好一点儿，也会得到两三个星期的快乐。但是不诚信的话，我可能一辈子都不快乐。"

班主任听完小白的话，忍不住赞许地拍了拍他的肩膀。

小白在快乐和诚信面前，选择了后者，即使在他特别困难的时候。因为他知道，困难可以过去，但是不诚信，却会留下永远的污点。

经典原文

酬崔五郎中（节选）

唐　李白

制作参造化，托讽含神祇。
海岳尚可倾，吐诺终不移。
是时霜飙寒，逸兴临华池。
起舞拂长剑，四座皆扬眉。

重点注释

◎制作：音乐等方面的典章制度。

◎造化：大自然的创造者。亦指自然。

◎托讽：指托物以寄讽喻之意。

◎神祇：泛指神灵。　◎岳：五岳，代指大山。

◎倾：倒塌。　◎终：最后，这里指从开始到最后。

◎移：挪动，改变。

◎是时：此时。是：这，此。时：当前的、现在的。

◎飙［biāo］：暴风。　◎逸兴：安乐闲适的兴致。

◎拂：甩动，抖动。

古文今译

音乐等娱乐方面的典章制度，就像大自然创造的神灵一样完美。大海可以干枯，大山可以倒塌，许下的诺言从开始到最后都不会改变。这时候寒霜覆盖地面，暴风狂吹，到处都是一片寒冷的景象。怀着安乐闲适的兴致来到华清池，随性起舞，舞动长剑。四周的人都看惊呆了，纷纷扬着眉头，拍掌叫好。

礼仪故事

宋濂抄书

宋濂小时候喜欢读书，但是家里很穷，没钱买书，只好向人家借。每次借书，他都讲好期限，按时归还，从不违约。人们都乐意把书借给他。

有一回，他借到一本书，越读越爱不释手，便决定把它抄下来。可是还书的期限快到了，他只好连夜抄书。时值隆冬腊月，滴水成冰。母亲说："孩子，都半夜了。这么冷，天亮再抄吧。人家又不是等着看这本书。"宋濂说："不管人家看不看这本书，到了期限就要归还。这是个信用问题，也是尊重别人的表现。如果说话做事不讲信用，失信于人，怎么可能得到别人的尊重呢？"

还有一回，宋濂要去远方向一位著名学者求教，并约好了见面日期。谁知出发那天下起了鹅毛大雪。当宋濂挑起行李准备上路时，母亲惊讶地说："这样的天气，怎么能出远门？再说，老师那里早已大雪封山了。你这一件旧棉袄，也抵御不住深山的严寒啊！"

宋濂说："娘，今天不出发，就耽误了拜师的日子，就会失约。失约，就是对老师不尊重。所以风雪再大，我都得上路。"

当宋濂到达时，老师感动地称赞道："年轻人，守信好学，将来必有出息！”

诚信不仅体现在遵守诺言，财物有借有还，更体现在遵守时间，遵守与他人的约定，遵守社会规则等方面。

实践应用

刚升入小学三年级的思思，数学成绩不是很好。于是妈妈便给他报了一个数学补习班。但是这样就会占用许多业余时间，思思就没有那么多时间玩耍了。

所以听到补课消息的思思并不开心，还三番五次地试图说服妈妈别让他去补课。他说：“到时候我在数学课上一定认真学习。这样成绩就会好起来！”

妈妈看着思思还没有及格的数学分数，并没有同意他的要求。只是叫他选一个喜欢的数学老师，或者选一个喜欢的补习班。看着各种各样的补习班资料，思思选了一家离家距离不是很远，但也不是很近的补习班。他想：这样，在路上的时间就多了一些。

思思并不想去补习班，而且班上的同学他都不认识。由于他正值贪玩的年纪，于是慢慢地花在路上的时间越来越多了。

有一天，他在路上遇到了同班同学亮亮。亮亮知道思思也在补课后，就约他放学后一起去补习班。亮亮还告诉思思，这条路上有一家很好玩的电玩城，几块钱就可以玩很久。

“如果不想补课，我们就一起去电玩城玩吧。”亮亮对思思说。思思的确很讨厌补课，因为补习班的数学老师说什么，他根本听不懂。但是一想到老师还在补习班等他，如果他不去，就失约了。

但是思思毕竟年纪小，不知道怎么拒绝亮亮，于是就说:“我们先去玩，玩一会儿就去上课。”

亮亮和思思去电玩城玩了半小时。还差几分钟，补习班就要开课了。于是思思关掉游戏，跟亮亮说:“我要去补课了。”亮亮说:“别去上课了，我们一起玩吧!”

一边是同学的挽留和诱人的游戏，一边是听不懂的数学课和讨厌的补习班。很多人可能都会选择玩游戏。但是思思想了一下，还是背起书包，跟亮亮说了一声“再见”，就去补习班了。思思到达的时候，补习班刚刚上课。思思长长地舒了一口气，心想，幸好没有迟到。

吃晚饭的时候，思思对妈妈说了和亮亮玩游戏的事。妈妈问他，为什么只剩几分钟了，还跑去上课？思思说："我并没有答应亮亮要一直陪他玩游戏，但是从报名那一天起，就已经答应老师去上课了。答应的事情怎么能够改变呢？"

妈妈想了想，思思虽然数学成绩不好，但是拥有诚信的良好品质，并且能够抵御住游戏的诱惑。这比数学成绩好更值得欣慰。于是妈妈对思思说，如果你实在不喜欢补习数学，补习班我们就不上了吧？

思思说："可是已经报名了呀！"妈妈笑着问："那么，思思会认真地上完补习班吗？"思思说："以前也许不会，但以后我会认真学完的。"妈妈听了很高兴，因为思思说到就会做到。

很多时候我们都认为，成绩好，才是最重要的。其实，美好的品质，更重要。因为成绩不好，可以通过补习来提高。但是，如果品质不好，就很难纠正了。

第二章 谦·虚

经典原文

示次儿柔中出赘

宋 陶梦桂

诲汝汝知乎，家贫乃赘居。
奉身须节约，接物要谦虚。
勿以清缸污，而於黄卷疎。
只须铭此语，一任命何如。

重点注释

◎出赘［zhuì］：指男子到女方家成婚，成为女方家的一员。

◎陶梦桂：字德芳，隆兴府（今江西南昌）人。宋宁宗嘉定十三年（1120 年）进士。

◎赘居：指入赘的夫婿，长期住在妻子家。

◎奉：供养，伺候，奉养。

◎身：自己，本人。　◎节约：节制约束。

◎接物：接触外物，代指与人交往。

◎清缸：酿酒或装酒的容器。亦借指清酒。

◎於：通“于”。解读为在……之上。　◎黄卷：书籍。

◎疎［shū］：同“疏”。

◎一任：一种解读为担任官职期满为一任，在这里是“听凭”的意思。

◎何如：如何，怎么样？

古文今译

我现在教导你的话，你一定要记住。因为家庭贫困，你现在只能入赘到女方的家中。在以后的生活中，你要约束自己的行为，勤俭节约；做事情要尽职尽责；待人接物要谦逊，与人相处要虚心。不要因为整日沉迷在酒肉中，而在学习读书上有所懈怠。只需要铭记我现在说的这些话，不管将来社会如何变化，都不能把你怎么样。

礼仪故事

李白谦逊不题诗

诗人陶梦桂教育入赘的孩子，要谦逊待人，多读书，多学习，提升自己的内涵。谦虚与读书，是从古至今人们一直赞许的美好品质。就连狂傲不羁的诗仙李白也非常的谦虚。

相信很多人读了“仰天大笑出门去，我辈岂是蓬蒿人”“天生我材必有用，千金散尽还复来”等豪气干云的诗句，除了感受到李白那洒脱不羁的浪漫主义情怀，还会有这样一种感觉：“李白这人挺狂傲的。”

其实，李白表面上看傲骨临风，在诗文创作上倒是非常谦虚。何以见得呢？让我们一同前往黄鹤楼去找一下答案。

黄鹤楼位于武昌，耸立在长江边上。登楼远眺，汉阳城历历在目，鹦鹉洲芳草萋萋。多少诗人被眼前的美丽景色所打动，诗兴大发，挥毫泼墨，留下了千古文章与诗句。

李白原本住在长安。因高力士等人屡向唐玄宗进谗言，看不惯尔虞我诈的李白，便上表辞官，遨游山水。

正值暮春时节，李白在朋友的陪同下，到黄鹤楼游玩。李白凭栏眺望。江景辽阔，他被楼下的美景吸引。他诗兴大发，正想题诗留念时，抬头看见墙面上有崔颢题的诗，于是仔细阅读：

昔人已乘黄鹤去，此地空余黄鹤楼。

黄鹤一去不复返，白云千载空悠悠。

晴川历历汉阳树，芳草萋萋鹦鹉洲。

日暮乡关何处是，烟波江上使人愁。

“真是绝妙的诗句啊！”李白感叹一声说道，“崔颢的诗写得太好了。”他自知无法超越崔颢，便写下了：“眼前有景道不得，崔颢题诗在上头。”没有题诗就扬长而去了。

李白游黄鹤楼却不敢题诗的消息一传开，武昌城的文人议论纷纷，说：“想不到李白这位笑傲王侯的大诗人，竟然还是一位敢于承认自己不足的谦逊的人啊！”

后来，很多人都用这句诗来表达别人的作品高妙至极，自己甘拜下风的意思。

承认自己不如别人，是一种谦虚的美德。保持谦虚的心态，能够让我们看到别人的优点和自己的短处。只有这样，我们才能够不断地完善自己，让自己变得更加优秀。

实践应用

贝贝是女孩子，望望是男孩子。他们不仅是同桌，还是邻居。

望望学习成绩很优秀，经常考第一名。贝贝的成绩在中下游。每次望望考了第一名，贝贝的父母就让贝贝向望望学习。贝贝听多了，就觉得很烦，于是就想考好一点儿超过望望。她努力学习，但是依然没能超过望望。望望的成绩依然稳居第一。

期中考试的成绩出来后，贝贝只比上次进步了一个名次。贝贝心里感到很失望，想到自己那么努力，还是没有超过望望，于是难过地哭了。

望望看见贝贝在偷偷地哭，于是询问原因。在得知贝贝因为成绩不好而伤心时，望望主动提出：“下课之后我们一起学习吧。”

贝贝听了，心里既开心又愧疚。因为自己那么嫉妒望望，但是望望还尽心尽力地帮助自己。于是贝贝告诉自己，要对望望好一些，并且要虚心向望望学习和请教。

望望是个行动力很强的人。既然他说要帮助贝贝，下

课后就到贝贝家，与贝贝一起学习了。

望望看了一下贝贝的考试卷子，大概了解了贝贝对哪些知识理解得不够透彻。于是望望就先把贝贝不会做的试题讲了一遍。他有哪些新的学习方法或者解题思路，都仔细地给贝贝一一讲解。贝贝听不懂的，他就耐心地反复讲解。

在望望的帮助下，半个学期之后，贝贝的成绩有了明显的提升，从第31名上升到了全班第9名。

贝贝的父母很高兴，非常感谢望望的热心帮助。贝贝也从心里感谢望望，从此更加虚心地向望望求教和学习。因为望望帮助了她，如果她仅仅靠自己埋头学习，很难这么快就取得这样好的成绩。

其实，这也得益于贝贝的谦虚好学。如果贝贝嫉妒望望，任由自己的嫉妒心发展下去，那么她就无法超越过去的自己，也就不可能进入全班前10名。而且还会因为嫉妒心作祟，心理负担更重，让自己成为一个不可爱的女孩子。

谦虚好学是一种美德，它能够让你学习别人的优点和长处，弥补自己的缺点和不足，从而实现快速成长。从这方面来说，谦虚好学也是成功之母。

经典原文

登白云绝顶

宋　刘过

雨罢新晴怯宿寒，一帘秋色满阑干。
欲穷大地三千界，须上高峰八百盘。
累世避人秦妇子，一时惊客汉衣冠。
尘寰元有清吟处，便作三山蓬岛看。

重点注释

◎绝顶：指山的最高峰；比喻事物的最高境界。

◎刘过：南宋文学家，字改之，号龙洲道人。吉州太和（今江西泰和县）人，四次应举不中，流落江湖。曾为陆游、辛弃疾所赏识，词风与辛弃疾相近。

◎罢：停，歇，停止。　◎怯：胆怯。

◎宿：住，过夜。

◎阑干：栏杆。用竹、木、砖石或金属等构制而成，设于亭台楼阁或路边、水边等处作遮拦用。

◎三千界：指大地疆域万物。

◎八百盘：指登上高山顶峰，比喻最高境界。

◎累世：指好几代，数代。同“累叶”“累代”。

◎尘寰［huán］：人世间。

◎清吟：形容读书时的状态，清吟雅诵。

◎三山：传说中的海上三神山，因为是神仙居住的地方，格外受到古人的神往。

◎蓬岛：即蓬莱山。

古文今译

登白云山的时候下雨了。雨停之后，天空渐渐放晴。但是要在山上住宿，还是有点儿害怕夜晚的寒冷。趴在山顶边缘处的栏杆上向远处眺望，满眼的秋色，无边无际。要想把天下各个地方尽收眼底，就得环山盘绕，登上最高的山峰。不在高山，就看不全各处景物，在看不全的情况下，要谦虚自处。

这里的好几代人都避开人群，过着隐居生活。他们是秦朝人的后代。当他们看见穿汉朝衣服的人时，都感觉很惊讶。人世间原本是有读书人的轻吟雅诵的，现在只能在传说中的海上三神山和蓬莱岛看见了。

礼仪故事

孔子谈破满

诗人刘过在看到名山大川的时候，发出了“欲穷大地三千界，须上高峰八百盘”的感叹，而我们的先圣孔子，在看到一个陶器的时候，也悟出了“人不能自满，要懂得谦虚”的道理。

一天，孔子带着弟子子路去周代祖庙参观，看到一个制造得很巧妙的陶器，就问看庙的人：“这是什么陶器？”

看庙的人回答：“这大概就是‘座右铭器’吧。”

孔子说：“我听说，‘座右铭器’这种陶器，装满水，它就翻倒在地。空着，它就斜着歪在那里。只有把水装得刚刚好时，它才立着。有这种说法吗？”

看庙的人回答：“是的，正像你说的那样。”

为了弄清真相，孔子叫子路取水来试试。果然装满水后，它就倒在地上。

子路问孔子：“老师，您有没有让它保持不倒的办法？”

孔子回答：“让它不倒，就是倒出一些水，让它不满，它才会立着不倒。”

孔子接着说：“德高望重的人，就要谦虚恭敬，有礼貌；拥有大量财产的人，就要勤俭节约，不奢侈；官大俸禄多的人，就要保持有所畏惧的态度；见多识广的人，就要保持浅薄无知的样子，倾听别人的意见。能做到这些，就可以避免因为太‘满’而倾覆了。”

孔子以物喻人，指出抑制自满的办法，就是要谦虚，以礼待人。孔子不但教育学生学会谦虚，而且为人师表，以身作则。

一次，孔子问子贡：“你与颜回比较起来，谁更好？”

子贡回答：“我怎么敢与颜回比呢！颜回学会一种知识，就能够懂得十种知识；而我学会一种知识，只能懂得两种知识。”

孔子说：“不如颜回啊，我和你都不如颜回！”

“三人行，必有我师焉。”这句至理名言，就是孔子谦虚精神的自我写照。

实践应用

只有谦卑之人才能了解人生，获得不断的成长。可是我们常常会沉醉于已有的成绩，自我满足。有人为自己身强力壮而骄傲，有人为自己的美貌而骄傲，有人为自己显赫的家庭而骄傲……

绿柏就是一个为自己的美貌而骄傲的人。她小时候就非常好看。从刚刚记事，叔叔阿姨对她的夸赞就没有停止过：“这个小孩长得真不错！”“小姑娘好可爱！”这类夸奖的话，她听得数不胜数。夸奖的人多了，绿柏就认为自己是最好看的。因此她一直沾沾自喜，也喜欢向别人炫耀自己的漂亮。

炫耀的结果就是和她玩的女孩越来越少了。这种现象在她上了初中后越加明显。最让人伤心的是，绿柏最好的朋友也跟她有了分歧，和她不再热络。因为绿柏经常说自己好看，别人不好看。正当绿柏不知如何是好的时候，班里转来了一个新同学真真。真真是一个十分可爱的女孩子，眼睛大大的，皮肤白皙细腻，一笑起来，就像太阳花一样有感染力。

同学们都特别喜欢真真。几个开朗点儿的同学第一天就和她玩得很热络。其中就有绿柏最好的朋友六一。绿柏看见六一和新来的真真玩得很高兴，也想和六一她们一起玩。但是绿柏自尊心比较强，放不下面子找六一求和。

其实六一跟绿柏不再联系后，绿柏也意识到了自己的缺点：太过于注重自己的外表，而且不谦虚。她常常给六一带来一些困扰，因为六一往往不知道怎么接她那些自夸的话。

绿柏、六一、真真她们的家离学校不远，都是步行上学。在放学的路上，真真大概是觉察到了六一和绿柏的矛盾，于是主动问事情的原因。

了解了事情的经过后，真真主动邀请绿柏加入“徒步回家小分队”。女孩子很容易生气，也很容易消气。收到了真真的邀请后，绿柏开心地忘记了之前的事情。

之后绿柏经常与六一、真真一起回家。在和真真相处了一段时间后，她发现同学们喜欢真真，是因为真真身上有一种特殊的品质。具体是什么，绿柏却说不清，道不明。

于是绿柏就问六一：“你喜欢和真真玩，到底是为什么呀？”

“因为她长得很漂亮、很可爱，但她从来不说自己很漂亮、很可爱，也不觉得她自己漂亮可爱，反而觉得我们长得很好看。”

绿柏恍然大悟，原来是真真的谦虚，让她得到了那么多同学的喜欢。

绿柏再回想自己，常常因为被人夸了一句，就忘了自己其实长得和她们差不多的事实。每个人都有美的一面，也有不美的一面。比如，绿柏长得漂亮，但是她的牙齿又细又小。

真真长得可爱，皮肤也好，但是比同龄人都要矮一些。六一因为喜欢户外运动，经常会有磕碰，腿和手臂上都是伤疤，但是她的身高是班里最高的。

每个人都有优点，也有缺点。我们除了看到自己的优点，也要看到自己的不足，才不会忘了自己原本的样子，不会成为一个让人讨厌的人。

经典原文

奉和御制读五代晋史

宋　夏竦

子文怀妙识，奥学洞天常。

恬淡游莲幕，谦虚践玉常。

至仁周仆御，大雅变词章。

慎默诚无怠，危机可尽防。

重点注释

◎奉和：作诗词的时候与别人相唱和。

◎御制：指帝王所作的诗文、书画和乐曲等。

◎夏竦［sǒng］：北宋宰相。字子乔，别称夏文庄、夏英公、夏郑公。德安县（今属江西省九江市德安县）车桥镇（原白水街乡）人。

◎妙识：深知；精通。

◎奥学：高深的学问。这里指学识渊博的人。

◎洞：透彻地，清楚地。

◎天常：指自然界的常规。

◎莲幕：王俭功高勋殊，德重学深。当时人们把他的官署比作莲花池，后来用"莲幕、幕下莲花、幕中莲"等称官署的幕府、幕僚。

◎词章：同"辞章"。诗文的总称。

◎怠［dài］：懒散，松懈。

古文今译

子文拥有的知识博大精深，高深的学问超过了平常人。但是他生性恬淡，安安稳稳地在官署里工作，踏实地做着自己的事情。因为太过仁慈，便有很多人自愿跟在他的身边为他打理生活。他就把这一切都写成了诗文，诗文记录身边人对他的帮助。像他这样谨慎沉默，诚实又做事毫不懈怠的人，一切危机都可以防范。

礼仪故事

子思劝卫侯

子思是孔子的孙子，曾子的学生。

一次他到卫国去做客。他看到，卫侯说话或处理事情不管对还是不对，群臣都异口同声地附和。于是他就对学生公丘懿子说：“我看卫国可真算是‘君不君，臣不臣’了。”

公丘懿子问：“您为什么这样说呢？”

子思回答：“当君主的如果不谦虚，认为自己一贯正确，那么别人就是有再好的意见和办法，他也听不进去。即使事情办得对，也应当听听别人的意见。何况让别人称赞自己做坏事，助长自己作恶呢？如果凡事不考虑是非，只是乐意让别人称赞自己，再没有谁比这样的人更糊涂了。如果听别人的话，不考虑有没有道理，只是随声附和，一味地阿谀奉承，再没有谁比他更无耻了。当君主的糊涂，当人臣的无耻，这怎么能领导百姓呢？我得找时间和卫侯谈谈。”

一天，子思见到了卫侯，对卫侯说：“您的国家风气应当改变一下了，不然的话，您的国家将来可是岌岌可危啊。”

卫侯惊讶地说：“您说说，是什么原因呢？”

子思说：“您察觉到没有？您说出话来，自己认为是对的，您的卿大夫没有谁敢矫正其中不对的地方。您的卿大夫说出话来，都认为自己对，而那些士人和百姓也不敢矫正其中不对的。这样一来，你们当君的、当臣的都是自命贤明，下边的群众也是随声附和。赞扬、顺从的人，就会得到好处；矫正、不顺从的人，就会有祸患。像这样，您想想，哪里会有什么好事呢？”

卫侯听完子思的话，站起来说：“谢谢先生的教导。我今后一定谦虚谨慎，以礼待人，改变风气。”

实践应用

校园里要举行创业大赛。莎莎和妈妈商量了一下，决定摆凉面摊。于是莎莎上网，找了很多做凉面的教程。经过多次试验后，莎莎终于做出了自己能吃的凉面。虽然味道不是很好，但是也不太坏，在学校创业大赛上露个脸应该没问题。

距离创业大赛还有两个星期，她叫好朋友如如来尝她的凉面。如如尝过后，觉得味道一般般，颜色也不太好看。如果要卖的话，应该没多少人想买。

莎莎辛辛苦苦做的凉面，没有得到朋友的夸奖。莎莎有点儿不高兴。如如认真地给莎莎讲解凉面的缺点和改进的方法，但莎莎一个字也听不进去。于是两个小伙伴不欢而散。

如如离开前，对莎莎说：“如果你坚持认为自己的面好吃，能够卖得很好，不如到西街街头的那家凉面馆，尝一下别人的凉面的味道，那样你就会知道自己和别人的差距在哪里了。”

莎莎虽然不高兴，但还是把如如的话记在心里了。第二天，莎莎就去西街找到了如如说的那家凉面馆。因为雨天的缘故，店里只有莎莎一个顾客。莎莎品尝了凉面后，发现比自己做的好吃许多倍。于是莎莎对坐在门口的厨师说：“叔叔，你做的凉面真的太好吃了！”厨师微微一笑，说：“这世界上比我做得好吃的应该还有很多人，只是你我都不知道罢了。”

听到这话，莎莎心里一震：“他做的面那么好吃，却认为世界上比他做得好的人有许多。而我做的面一般，却认为自己的面可以大卖。看来我的确是太骄傲自满了。”

莎莎虚心地向厨师讨教。虽然她觉得厨师不会把独家秘方教给她，但是她想听厨师多传授一些经验。厨师告诉她，这凉面根本就没有什么诀窍。但是各个方面都要把握好一个度，并且根据地方口味来调整。他原本做的面，也不是这个味道，经过不断地调整，才成为现在的样子。

虽然没有得到真正的秘方，但是能得到这些经验之谈，莎莎就觉得不虚此行。回家后，她不断地调试凉面的颜色与味道。妈妈看到莎莎这么努力，也很支持她，给她买了各种调料，好让她调出自己满意的味道。

莎莎开动脑筋，心想：我们学校男孩子比女孩子多。男孩子的口味都比较重，而女孩子的口味会轻一些。一般女孩子都喜欢颜色好看的，不如买些果蔬面当原材料。

于是，她采购了绿色蔬菜面和紫色红薯面。她又根据不同口味准备了男盒和女盒。女孩子的辣椒和盐都比较少。如果有女孩子想吃辣，可以自己加。而男孩子的辣椒和盐都比较多，分量也比女孩子的多。

经过不断地调试，莎莎再一次叫来如如品尝凉面。莎莎的奇思妙想，终于得到了如如的认可。

后来在学校的创业大赛上，莎莎的凉面被学生们一扫而空。

凉面能卖得那么好，除了做得好吃又有创意之外，也多亏了莎莎的卖力吆喝。以前莎莎是不敢吆喝的。现在她的凉面很吸引人，所以她特别自信。自信给她勇气，于是她喊得更加卖力，更加热情。

谦虚能够使人进步，也使人更加自信。自信的莎莎，吸引了同学们的目光，很快就卖完了自己的产品。

卖凉面的钱，莎莎全部交给了妈妈，由妈妈捐给了贫困山区的孩子。

从这场创业大赛中，莎莎学会了谦虚。谦虚给她带来了成功与自信，这是什么都无法换来的宝贵财富。

经典原文

吕居仁挽词三首·其二

宋　刘子翚

皓首犹贪学，谦虚德益丰。

潜神无朕际，悟物不言中。

虽处持荷贵，常安捽茹穷。

笑谈惊委蜕，儒事有英雄。

重点注释

◎吕居仁：名本中，世称东莱先生，祖籍莱州，寿州（今安徽凤台）人。南宋东莱郡侯吕好问的儿子。宋代诗人、词人、道学家。

◎皓首：白头，指老年，又称白首。

◎益：增加。　◎潜神：专心。

◎捽［zuó］：拔。

◎茹：一种野草的名字。

◎委蜕：自然所给予的躯壳。

古文今译

吕居仁头发都白了，还在努力地学习。他虽然已经老了，却还在想学习更多的知识。他谦虚的品德，随着时间的不断推移，变得更加丰盛。他学习的时候，专心致志，没有其他的想法，领悟知识的时候，从不胡言乱语。

他虽然身处有荷花池的豪华园林，生活优渥，但是异常简朴。经常笑着说大自然给了他躯壳，谦虚地说儒雅的人和事自然有其他英雄，而不是他。

礼仪故事

华佗谦虚学医

三国时，神医华佗少年时曾跟一位姓蔡的大夫学医。华佗聪明勤奋，深得师父赏识。有一天，师父把华佗叫到跟前说："你已学了一年，认识了不少草药，也懂了一些药性，以后就跟师兄去学抓药吧！"

华佗到了药铺，不料师兄们欺他年幼老实，不许他摸秤。他每天只能为师兄包药捆绳，干些零碎杂活。华佗又不好向师父告状，怕影响师兄弟间的关系。

华佗勤奋好学。每当师兄把药称好，让他包装，他就看看药单，再把药包用手掂一掂，记下它的重量。等闲下来时，华佗再把药包打开，用手掂一掂每一味药的重量。这样，日子久了，他手上的功夫就越来越熟练了。

华佗出师以后，去各处行医，仍然保持着谦虚谨慎的作风。他的母亲就是患了不治之症而死的。因此，他深知医道永无止境，非得时时学习，不断充实自己才行。

有一年，一位农民害了病，请华佗治疗。那位病人皮肤黄了，眼珠也黄了。华佗诊了脉，看了舌苔，对病人的家人说："依我的经验，这病没法治了，早日准备后事吧！"说完，长叹一声，背起药箱离去了。

过了一年多，华佗又路过此村，仍惦记着那户人家，便前往探视。他想询问一下病人死去的情形，是否传染给了家人。不料，华佗进了门大吃一惊。原来那位病人活得好好的，身体已完全康复。

华佗急忙问，他请过哪位名医，又是如何治疗的。病人回答，未曾有人来医。华佗深感奇怪，又急问他都吃过什么药物。

病人长叹一声说：“唉，不瞒先生，当时本地正闹饥荒，家里连饭都吃不上，哪有钱去买药呢？家里的人都到很远的地方挖野菜去了。我一个人走不了长路，就在附近寻找野菜。常见的野菜早就被人挖光了，我就在坟地中拔刚刚拱土出来的蒿苗……”

“吃了蒿苗觉得怎样？”

“味道不大好。不过吃得日久，身上的黄褪了，能走路了，我就边走边吃，追赶家人去了。”

华佗听后，让他带自己去看个究竟。华佗就按他的指点，拔了许多青蒿。然后他带上青蒿，立刻动身到外地寻找类似的病人去了。

他跋山涉水，到处打听，终于找到了害黄病的患者，便亲自熬药端汤，观察疗效。然而过了几天，病状并未减轻。华佗深感诧异，于是第三次故地重游，决心弄个明白。

原来那位农民啃青蒿是在正月，蒿苗刚刚冒尖。而华佗采蒿时是二月，蒿苗都已长高了。第二年正月，华佗及时采集了蒿苗，赶往病人住处。

服了药，那病人果然好转。华佗松了一口气，说：“由于我调查不细，险些拿人命开玩笑啊！”

后来，他又经过多次试验与比较，才把自己的发现总结出来，并将新药命名为茵陈。

实践应用

13岁的欣欣和11岁的冰冰是好朋友。欣欣上初中了，冰冰还在上小学。两个人虽然年龄上差了2岁，但是无话不谈。她们俩的学校只隔了一条马路，经常一起去上学，放学后又一起去学习角学习。

有一次，欣欣预习语文时，把民风剽悍[piāo hàn]读成了民风彪悍[biāo hàn]。冰冰听到了，跟欣欣说，这个词应该读民风剽悍[piāo hàn]。

欣欣坚持自己的读音是对的。因为她认为，冰冰还在上小学，自己都上初中了，不可能读错。于是欣欣就应付着说："知道了，知道了。"但是她下次还是读成了民风彪悍[biāo hàn]。

冰冰再次纠正道："欣欣，你读错了，应该是剽悍[piāo hàn]，而不是彪悍[biāo hàn]，快点儿改过来吧。"

欣欣再次被打断，很不高兴，就说："我都读初中了，怎么可能读错？你还在上小学，就不要来管我了！"

"你就是读错了。不信，你查字典！"冰冰再次劝欣欣改正读音。

但是欣欣却固执己见地认为自己不会错。于是她叫冰冰做好作业就回家。然后欣欣就先行离开了。

第二天，老师抽查同学们的语文阅读情况。欣欣信心十足地举了手。

老师叫欣欣朗读第一段。欣欣读完后，教室里响起了热烈的掌声。老师说："读得不错，只是民风彪悍[biāo hàn]，应该读成民风剽悍[piāo hàn]。这是一个特别容易读错的词，请同学们记住。"

欣欣想起昨天冰冰纠正她的读音这件事。当时，她很生气，没有虚心地接受批评，改正读音。最后她还甩掉了冰冰，独自回家。现在想想，自己真的不该那么做。

欣欣为此后悔不已。放学后，她早早地来到了小学门口。等冰冰一出来，欣欣就跟她道歉。欣欣说，如果自己能够虚心学习，听冰冰的话，或者查一下字典，就不至于在课堂上犯错误。

同学们，我们是不是也常遇到这种情况呢？在遇到某个字时，往往会片面地认为自己的读音才是正确的。当别人纠正我们的读音时，反而对别人持怀疑态度。有些人比较谦虚，查字典验证，于是学会了正确的读音，而有些人固执己见，坚信自己的读音是正确的，一错再错。

学习不分先后，也不分长幼。冰冰虽然比欣欣年龄小，也没有欣欣的年级高，但是先认识了剽悍这个词。

所以，我们以后一定要虚心学习。如果有人指出了我们的不足，不论对错，都要虚心地接受。毕竟，不确定的，我们可以自己去验证。

经典原文

陈寔

宋　徐钧

世多扬激伯夷隘，公独谦虚下惠和。

吊死自惭知己少，逃生却喜活人多。

重点注释

◎陈寔：汉灵帝时的名士，因品德高尚，为世人称赞。他在汉桓帝时做过官。汉灵帝时，宦官把持朝政。党锢之祸后，陈寔退出官场，开始隐居，多次拒绝朝臣邀他做官的请求。

◎徐钧：南宋史学家、诗人。曾据《资治通鉴》中史实，作咏史诗 1530 首。今存《史咏集》二卷。

◎扬激：张扬偏激。

◎下惠和：指和圣柳下惠坐怀不乱的故事。柳下惠被认为是遵守中国传统道德的典范。　◎吊：凭吊。

◎惭：惭愧。公元 187 年八月陈寔卒于家中，享年 84 岁。史书记载：致悼会葬者三万余人，车数千乘，司空荀爽、太仆令韩融等披麻戴孝执子孙礼者以千计。陈寔死前是德高望重，死后更是万人悲痛，万人追思。

◎逃生：东汉末年，天下大乱，群雄并起，最终形成三足鼎立的局势。当时陈寔的同僚何进、袁隗（袁绍的叔父）等都葬身战乱。而陈寔却归隐乡野，逃过了一劫。这就是“逃生”的意思。　◎喜：可庆贺的。

◎活人多：陈寔的十八世孙陈霸先（陈武帝）建立了南陈王朝，其侄陈蒨（陈文帝）追封陈寔为康乐侯，后加封为颍川郡公。他的后世子孙绵延成一大望族，陈寔也被尊为颍川陈氏之始祖。这就是“活人多”的意思。

古文今译

世上的文人学者都以张扬偏激的态度，指责批评伯夷不为国家前途着想的狭隘观念。唯独陈公为人谦虚的秉性与品德，就如同当年的和圣柳下惠一样。

陈公啊，现在我来凭吊你，感觉很是惭愧。你生前有那么多的知己朋友，而我的朋友却寥寥无几。最可喜的是，由于你高深的智慧和理性的研判，陈氏一家逃过了生死之劫，并且厚延子孙，繁衍家族，令后世尊崇！

礼仪故事

伯夷叔齐

商朝末年，孤竹国君想立幼子叔齐为嗣子，继承他的事业。后来孤竹国君死了。按照传统，大臣想迎孤竹国君长子伯夷继位。但清廉自守的伯夷对人们说：“应该尊重父亲遗愿，让叔齐继位。”于是伯夷对弟弟叔齐说：“你当国君，是父亲的遗命，怎么可以随便改动呢？”于是他放弃国君的位置，逃到孤竹国外。

大家又推举叔齐为国君。叔齐说：“我若继位，既破坏了礼制，又于兄弟不恭。”他也逃到了孤竹国外。

大家就推举孤竹国君的二儿子亚凭为国君。

伯夷、叔齐兄弟不争国君的位置，反而互相谦让，这是难能可贵的。伯夷、叔齐推让国君之位的故事被人们广为传颂。历史上留下了“夷齐让国”的美谈。

实践应用

古有伯夷、叔齐推让国君之位，今有子纯、子木推让班长之位。

子纯、子木并不是兄妹，只是名字相似。刚上初一时，要选班委，但老师对同学们都不太了解，就让对当班委感兴趣的人举手报名。在同学们彼此相处一段时间，有了深入了解后，再根据任职班委的表现，公开投票选举新的班委。

学习委员、音乐委员、劳动委员、体育委员等职位，恰恰竞选人数和选举的职位一一对应。只是子纯和子木同时都选择了当班长。

老师把他们俩都列入了班委名单，说：“你们两个人一起担任实习班长。”因为子纯是女生，子木是男生，于是子纯负责管理女生，子木负责管理男生。

一个月之后，同学们都相互熟悉了，老师也对同学们的情况掌握得差不多了。老师召开班会，由同学们投票选举班委。选举前，老师讲明了选举班委的标准和规则：“如果你们认为现任班委中谁做得好，就投赞成票。如果有人想竞选班委，可以走上台来进行竞选演说。然后由同学们投票，得票最高的当选班委。”

前面其他班委的投票进行得十分顺利。最后到了选班长的关键时刻。原本就有两个实习班长，如果没有其他人参加班长的竞选，就是从两个实习班长中投票选举产生班长。但是子纯突然说，她认为子木更适合当班长。因为子木执行力强，也有号召力，同学们都愿意跟着他做事。像发书、搬书这种事，子木能号召男生马上行动。

没想到子木却站出来说，子纯比他更适合当班长。因为子纯细心，能够想到男生们都想不到的事情。比如提醒值日生值日；如果值日生因事没有擦黑板，她会主动担起擦黑板的责任。再比如，晚自习后，如果她最后离开，她

一定会关灯，而且会关多媒体的灯。再比如，拖完地后，她会把拖把摆放整齐……

两个人都很谦虚，彼此认为对方才是班长的最佳人选，并列举了对方的很多优点。两个人都想让对方当选班长。最后还是老师做主，让同学们投票，由他们两个中得票最高的人来当班长。

最后子木高出子纯一票，当选为班长。但是他说，希望以后子纯能够多多帮他。如果他有什么做得不够好的地方，子纯能够提醒他一下。子纯笑着答应了。

谦虚的人总是能看到别人的优点和自己的缺点。相反，不谦虚的人只能看到自己的优点和别人的缺点。在生活中，我们应该像子纯和子木一样，谦虚行事，虚心地学习别人的优点，不断地完善自己。

经典原文

咏竹

宋　徐庭筠

不论台阁与山林，爱尔岂惟千亩阴。
未出土时先有节，便凌云去也无心。
葛陂始与龙俱化，嶰谷聊同凤一吟。
月朗风清良夜永，可怜王子独知音。

重点注释

◎徐庭筠：台州临海人，字季节。南宋诗人。

◎台阁：台与阁的并称。亦泛指亭台楼阁等建筑物。

◎节：竹子或草木茎分枝长叶的部分。这里引申为操守。

◎凌云：直上云霄。多形容志向崇高或意气高超。

◎葛陂［gě bēi］：龙竹，龙须竹。《神仙传·壶公》记载：费长房找不到家，壶公送给他一根竹杖，对他说：你只要骑着这根竹杖，就可以到家了。费长房骑着竹杖离开，睡了一觉起来，一看已经在家里了……他骑的竹杖，扔在葛陂中，仔细一看，原来是一条青龙。后来，人们就以“龙竹”喻指拐杖或比喻得道成仙。

◎嶰谷［xiè gǔ］：典故名，典出《汉书》卷二十一上《律历志》。指昆仑山北谷，传说黄帝叫人取嶰谷之竹来制乐器。

古文今译

我喜欢竹子，不论它是在豪华的亭台楼阁还是在朴素的山林里面。因为并不是只喜欢它能够带来千亩的阴凉，而是喜欢它的气节——还没有破土而出时就已经有了骨节。即使直上云霄了，也依然保持着虚心。葛陂能化成龙，送人回家。在嶰谷生长的竹子能做成乐器，发出凤鸣一样悦耳的声音。

月色明朗，云淡风轻，只要有竹子的地方永远都会有这样美好的夜晚，可惜的是，没有知音与我共同欣赏这样的夜晚啊。

贾思勰谦虚好学

贾思勰［xié］是中国南北朝时期北魏著名的农学家。他从小喜欢参加农业生产活动，到了晚年，便辞官归隐，专门研究农事。他把自己对农业的研究成果写成了《齐民要术》一书，对后来的农业生产发挥了重要的指导作用。

20岁那年，贾思勰对养羊产生了兴趣。于是他每天早晨把羊放出去，羊就自己找草吃。由于草是不必花钱的，他养了200多只羊。结果到了冬天，羊死了一大半，而活下来的又瘦又弱，毛也干干巴巴，没一点儿光泽。这可怎么办？

他只好去向牧羊人请教。牧羊人对他说："一到冬天，饲料不足，营养不够，羊自然会饿死。"

第二年，贾思勰种了几十亩大豆，把草料准备得十分充足。可是到了冬天，羊又死了不少。他决定去请教最有经验的牧羊人。他走了100多里路，找到一位上了年纪须发皆白的牧羊人。这个人已有40年的养羊经验了。

老牧羊人听了贾思勰的来意后，问道："你的大豆是怎样喂羊的？"贾思勰回答："我把它撒在羊圈里，羊可以随便吃。"老牧羊人说："那怎么行呢？羊很爱干净。羊圈里的屎尿要经常清理。如果羊圈不打扫干净，豆子撒在屎尿上，羊是不会吃的。它们宁可饿着。"

回村后，贾思勰按照老牧羊人的意见打制了食槽，吊在较高的位置上，羊要伸长了脖子才能够着。每次只喂一点点大豆，吃完了再放。每天定时喂羊。他又用桑树枝围成一个圆形的栅栏，里面堆放着饲草。这样羊就无法爬到饲草堆上去，只能围着栅栏转。羊饿了就从空隙里往外抽草吃，能吃多少就抽多少，一点儿也不浪费。栅栏有一丈多高，羊把下边的草吃完了，上面的草就会落下来。

转眼冬天过去了，贾思勰的羊一只也没死，而且羊毛又密又软，油光锃亮。他高兴极了。由此，他总结出了经验：养羊，关键是越冬，熬过冬天，春风吹绿大地，小草又长新绿的时候，羊就又有吃的了。

后来，贾思勰多次向老牧羊人请教，并在实践中摸索总结出了许多有益的经验。他不但知道了冬天怎样养羊，也了解和摸索出了春、夏、秋三季养羊的经验。

春天草嫩，但短小，羊不能老停留在一个地方吃，要边走边吃，赶着它走。不然草根被羊啃光了，来年就没得吃了。

夏天天气热，要趁早晨凉爽，早点儿放牧。中午太阳毒，就找个阴凉的地方让羊歇着。吃早不吃晌。中午不能顶着烈日赶羊走路，如果羊吃了与灰尘、汗水混合的草料，秋天就会得皮癣。

到了秋天，羊要晚些出来。早晨的草上有霜露，羊吃了太凉的草会闹肚子。

在养羊的实践中贾思勰还有许多独到的发现。后来他又研究花椒、大蒜、黏谷子等农作物的生长。贾思勰能够写成《齐民要术》一书，主要是他能够虚心地向别人学习，从普通的牧羊人、农民那里学到了来自生产实践的宝贵经验。

实践应用

虚心能够使人获得进步和成长。同样，植物也需要谦虚，才能长出好的果实。

梦梦的爷爷奶奶在乡下种了许多向日葵。假期里，梦梦跟着爷爷奶奶一起打理向日葵。她发现向日葵经常跟着太阳转，觉得很是神奇。奶奶告诉她，向日葵跟着太阳转是为了吸取能量。等结满葵花子就会低头。只有低头了，葵花子才会成熟。

过了不久，黄灿灿的花盘里长满了葵花子，花盘不再骄傲地仰着头，它谦虚地低下了头。梦梦猜想，那仰着脑袋的花盘，会不会吸取更多的能量，比低着头的向日葵更饱满呢？于是，她将其中一棵向日葵的花盘固定好，让它

一直仰着头，高高地朝着太阳。

学会低头的花盘里的葵花子，一天天地变得饱满成熟了。梦梦伸出胖乎乎的小手把那个始终高昂着头的花盘摘下来。出人意料的是，花盘里的葵花子已经全烂了，根本没有长出更多更饱满的葵花子。

梦梦拿着已经烂掉的花盘去问奶奶。奶奶告诉她：如果向日葵的花盘一直高昂着头，里面积满的雨露就没有办法排出。于是，本来应该结满葵花子的花盘，却变成了滋生细菌昆虫的温床。所以只有那些谦虚地低着头的向日葵才能够排出多余的雨露，并且结出饱满的葵花子。

人何尝不是这样呢？越富有学问的人越谦虚。因为他知道，山外有山，人外有人，比自己厉害的人多的是。只有谦虚地学习别人的优点，才能够不断地超越过去的自己。

经典原文

和黄门卢侍御咏竹

唐　张九龄

清切紫庭垂，葳蕤防露枝。
色无玄月变，声有惠风吹。
高节人相重，虚心世所知。
凤凰佳可食，一去一来仪。

重点注释

◎张九龄：唐开元时期丞相，诗人。字子寿，一名博物，汉族，韶州曲江（今广东韶关市）人。官至中书侍郎同中书门下平章事。后罢相，为荆州长史。诗风清淡。

◎清切：清贵而切近。指清贵而接近皇帝的官职。

◎紫庭：帝王宫廷等。

◎葳蕤［wēi ruí］：草木茂盛，枝叶下垂的样子。

◎玄月：夏历九月的别称。

◎惠风：柔和的风。

◎相重：相互看重。

◎佳：指人得到帝王授予的代表权力的圭，圭是美观洁白的玉，本义为人样子美好。后引申为赞赏、喜爱等义。

◎来仪：比喻杰出人物的降临。

古文今译

在帝王居住的皇宫内，竹子是最接近皇帝，也是最清贵的植物。它生长茂盛，枝条都向下垂，防止露珠沾上它。它不会因为秋天的到来而改变颜色，在柔和的春风吹拂下发出悦耳动听的声音。有了高尚的品格，自然会得到所有人的尊重。它虚心的品性也是被世人所熟知。就连凤凰都觉得它是最好的食物，它身边来往的都是杰出的人物。

礼仪故事

李相虚心求教

李相是唐代的大将，曾担任大居守（高级武官）。他博览群书，勤学好问，学识日进，受到当朝和后世人们的赞扬。

李相最喜欢读《春秋》。无论公务多么繁忙，他每日必读一卷，常年不懈怠。读书时，李相常常误把《春秋》中鲁国大夫叔孙婼的“婼［chuò］”字读成了“若”字。

有个小吏在他旁边侍读。每当他把“婼”字读成“若”字时，小吏的脸上就显得不大自然。时间一长，李相发现了这一情况，十分奇怪，便问小吏：“你也常读《春秋》吗？”

“是的。”小吏恭恭敬敬地回道。

李相严肃地问：“为什么每当我读到叔孙婼时，你就表现出不以为然的样子呢？”

小吏见长官那么严肃，以为是责怪自己，连忙躬身跪倒，然后恭谨地回答：“小人过去曾蒙老师教过《春秋》，今日听相公把‘婼’字读成了‘若’字，方才明白老师教错了，把‘婼’字读成了‘绰’字。”

李相听小吏说是老师读错了，不由得暗自生疑，便说：“恐怕不是你老师的错吧？我没拜过师，这个‘婼’字是照本朝陆德明所著《经典释文》中的释文注音读的。一定是我读错了，而不是你读错了。”说完，他从书架上取出《经典释文》，让小吏看。

小吏一看，才明白李相把字注音的字形看错了。他委婉地说明正确的读音是“绰”而不是“若”。

李相听了，顿时脸色通红。他觉得自己身为大官，日读《春秋》，多次读错字而不知，十分惭愧。于是，他走下座位，把座椅放在北墙边，请小吏上坐。

小吏哪里敢坐，连说：“这是相公的宝座，小人岂敢越

礼僭［jiàn］坐！”

李相把小吏按在座椅上：“不许动，不然，我要生气了！”

小吏坐在那里，局促不安，十分尴尬。

李相整整衣冠，然后向座椅上的小吏躬身下拜。行过礼后，李相诚恳地说：“我身居高位，却常读错字，实在惭愧。从今以后，你就是我的‘一字师’。如果我读错字，请你一定要给我指出来，千万不要客气啊！”

小吏见李相身为大官，如此虚怀若谷，不耻下问，深受感动。

从此，小吏把自己跟名师学到的知识全部教给李相，李相的学识大增。

实践应用

在我读初二的时候，也曾遇到过一个虚心求教的外国同学大卫。当时，他发短信跟我说，他想学好中文，因为他觉得自己的中文并不是很好。

我问大卫，为什么找我教中文，而不是找其他人。因为我的学习成绩并不是很好，在班上只能排在10名开外。

大卫说：“你的综合成绩虽然不是最好的，但是你的语文成绩是全班第一。”大卫说话并不带外国口音。如果没有看见他的人，光和他说话，你一定认为他是个中国人。

并且，他还在上中文补习班。我看过他补习班的成绩，都是90分以上，算是比较优秀的外国学生。

他说：“我虽然考试能考得很好，但是有些知识我并不理解。比如说，有些字为什么要这样用？我就不太明白。《水浒传》中宋江的这句词：‘恰如猛虎卧荒丘，潜伏爪牙忍受。’为什么是‘卧’，不是‘睡’或者‘躺’呢？还有很多知识，我都不知道。”

听完大卫的话，我不禁自行惭愧。中文作为我的母语，我都从没有这样仔细地探究过。而大卫身为一个外国人，中文已经说得那么顺溜了，却还想着再进步一点，还认为自己做得不够好。

看到大卫这么谦虚，并且虚心求教，虽然我心里也没有底，但是我决定帮助大卫学好中文。因为在教大卫学习中文的过程中我也可以对汉语知识有更加深刻的理解。

教是最好的学，在教大卫的过程中，我认真地学习中国诗词。这样我就能够跟他说为什么是用“卧”，而不是用

“睡”和“躺”，并且让他体会到“卧”“睡”“躺”，在听觉与视觉上的不同。我还跟他探讨了“僧推月下门”“僧敲月下门”的奥妙，讲解很多其他的汉语文学知识。

同时，我也向大卫请教了很多英语知识。我的口语变得更加标准流利了，写英语作文时用词也更加准确和丰富了。

在那段时间里，我和大卫互帮互助，我不仅学好了语文，英语水平也提高了。现在想起来，正是因为我认识了一个优秀并且谦虚的朋友，才让我也变成了一个谦虚的人。

第三章 正直

经典原文

石灰吟

明　于谦

千锤万凿出深山，
烈火焚烧若等闲。
粉骨碎身浑不怕，
要留清白在人间。

重点注释

◎石灰吟：赞颂石灰。吟：吟诵。古代诗歌的一种形式。

◎千锤万凿：无数次的锤击开凿，形容开采石灰非常艰难。千、万：虚词，形容很多。

◎锤：锤打。

◎凿：开凿。

◎若等闲：好像很平常的事情。

◎若：好像、好似。

◎等闲：平常，轻松。

◎清白：指石灰洁白的本色，又比喻高尚的节操。

◎人间：人世间。

古文今译

石灰石经过千锤万凿从深山里开采出来，它把熊熊烈火的焚烧当作很平常的一件事。即使粉身碎骨也毫不惧怕，要把高尚的气节留在人世间。

礼仪故事

晏婴宁死不屈

春秋时期，齐国有一个著名的大臣，名叫晏婴。他很有智谋，又很有胆量。

有一年，齐国一个很有权势的大臣崔杼杀害了国君齐庄公，然后把国家大权都抓在自己手里。他知道很多人不服从自己的统治，就想了一个办法，想逼着大伙儿都顺从他。

崔杼叫人在国君祭祀祖先的太庙里，搭了一个两丈高的台子。高台四周布置了一千多名士兵。他通知文官武将都到太庙来宣誓。

文官武将都到齐后，崔杼对大伙儿说："今天每一个人都对天发誓，说：'我'如果不帮着崔杼，而向着国君，那就大祸临头，不得好死！如果谁不发誓，我就叫人砍他的头，挖他的心。你们听清楚了没有！"

崔杼说完了，大伙儿都低着头，谁也不开口。崔杼急了，指着一个大臣说："你先说！"那个大臣被士兵拉了出来。他还是低着头，一声也不吭。

"你说不说？"崔杼气得暴跳如雷。

那个大臣还是不说话。崔杼走过来，一刀就把他杀了。接着，有几个拒绝宣誓的大臣，也被杀了。一会儿工夫，就杀了七个人。大伙儿都吓得愣住了。

轮到晏婴发誓了。大伙儿都替他捏着一把汗。这时候，只见他抬头望着天，叹了口气，大声说："崔杼这个坏蛋，横行霸道，竟敢杀害国君，真是罪大恶极！我发誓，要打倒他，不然就大祸临头，不得好死！"

话刚说完，两个士兵已经冲了上来，一个把刀架在他脖子上，另一个用剑顶住了他的胸脯。但是晏婴昂着头，一点儿也不在乎。

崔杼知道晏婴很受老百姓的敬重，不敢随便杀他，就说："晏婴，你只要照我的话说一遍，就让你做宰相，我们俩一起来管理齐国。不然的话，你看，刀架在你的脖子上，剑顶着你的胸脯。哼！我劝你还是好好想想吧！"

晏婴说："我早就想好了！你想用官职来收买我，想用刀剑来威胁我，要我改变主张，跟你一伙，那是做梦！要杀要砍，随你的便！我决不改变我刚说的话。"

"给我杀了他！"崔杼气得胡子都翘起来了。

这时候，有个坏蛋悄悄地对崔杼说：“不行啊，他很受老百姓的敬重，杀了他，老百姓是不会答应的。”

崔杼心里想：是呀！晏婴的声望很高，如果真的杀了他，人心就更难收服了。他只好叹了口气，说：“算了，饶了他吧！”

晏婴笑着说：“你杀吧！你已经干尽了坏事，何必还充什么好人呢？”

“滚！”崔杼气得直嚷。

晏婴不慌不忙地从台上走了下来。他的身姿依然挺拔，步履依然坚定。

晏婴在面对邪恶势力和刀剑威胁的时候，依然刚正不阿，从容不迫。他正直勇敢的精神，一直流传后世。

实践应用

轩轩周末和妈妈去餐厅吃饭的时候，发生了一件让他永生难忘的事。

开在休闲区的小餐厅，上午的时候人并不是很多，只有轩轩和妈妈、一个高中生以及三个年轻的女孩。年轻女孩看样子已经踏入社会了，进来就叽叽喳喳，聊个不停。过了一会儿，几个女孩掏出烟点上，开始在餐厅里吸烟。

轩轩和妈妈都不喜欢烟味儿，但是餐厅并没有挂着“禁止吸烟”的标志。那位高中生看到女孩们吸烟，马上换了一个离她们较远的位置。

轩轩看了一下妈妈，妈妈也看着轩轩。轩轩想去制止她们吸烟，但是有点儿害怕。妈妈看出了轩轩的想法，就带他到了卫生间，问：“你刚才想劝她们不要吸烟，对不对？”

“是的，妈妈。”轩轩点点头，回答道。“你犹豫，是因为害怕被她们打吗？”妈妈继续问。轩轩回答：“嗯，有一点儿。”

“别害怕，孩子。你想做的这件事是正确的。这是正直的表现。想做就去做吧，妈妈支持你。”

他们回到座位上，发现那三个女孩还在吞云吐雾。轩轩勇敢地走了过去，对三个女孩说：“姐姐，餐厅是公共场所，请不要吸烟好吗？”

三个女孩愣了一下，看到一个小孩过来教训自己，有一点点的无地自容，于是迅速按灭了烟，然后说：“好的。”

轩轩成功地劝说三个女孩灭掉了香烟。他很开心，于是欢快地跟三个女孩道谢：“谢谢姐姐！”然后，轩轩就回

到了妈妈身边。妈妈用手悄悄地给他点了个赞。

在公共场所，如果遇到违背社会公德和法律的事情，一定要勇敢地站出来。真正的正直，是为了维护社会公德和法律而去做正确的事，并且勇无畏惧。

要成为一个正直的人，就要从小事入手。当发现违背社会公德的言行时，应该及时提醒对方注意自己的言行。虽然维护社会公德，有时候会遇到危险，但很多时候，人都是善良的。你只要提醒对方一下，他就会改正自己的错误。

经典原文

墨梅

元　王冕

吾家洗砚池头树，
朵朵花开淡墨痕。
不要人夸颜色好，
只留清气满乾坤。

重点注释

◎王冕，字元章，号煮石山农、梅花屋主等，浙江省绍兴市诸暨枫桥人。元朝著名画家、诗人、篆刻家。他出身贫寒，幼年替人放牛，靠自学成才。一生爱好梅花，种梅、咏梅，擅长画梅。

◎墨梅：用墨笔勾勒出来的梅花。

◎吾家：我家。因王羲之与王冕同姓，王冕便认为王姓自是一家。

◎洗砚池：写字、画画后洗笔洗砚的池子。王羲之有“临池学书，池水尽黑”的传说。这里化用这个典故。

◎池头：池边。头，边上。

◎淡墨：水墨画中将墨色分为四种，清墨、淡墨、浓墨、焦墨。这里是说那朵朵盛开的梅花，是用淡淡的墨迹点画成的。

◎痕：痕迹。　◎清气：梅花的清香之气。

◎满乾坤：弥漫在天地间。满，弥漫。乾坤，天地间。

古文今译

我家洗砚池边有一棵梅树，朵朵开放的梅花都像是用淡淡的墨汁点染而成。

它不需要别人夸奖颜色多么好看，只是要将清香之气弥漫在天地之间。

礼仪故事

敢讲真话

北宋时，有一个叫寇准的人。他不畏权贵，不讲情面，不计较个人得失，敢讲真话。寇准从小聪明好学，熟读经史，19 岁考中进士。按规定，考中进士，就有做官的资格。

宋太宗选官，喜欢选年纪大的人。因为他觉得年轻人办事不牢靠，相反，年纪大的人稳重可靠。所以，他见到年轻人，都不愿意多问。

寇准考中进士后，要进皇宫参加殿试。见皇帝前，朋友对他说:“皇上不喜欢年轻人。见了皇上，你要把年龄说得大一些。”

寇准摇了摇头，说:“不，我为什么要骗皇上呢?”

第二天，寇准走进大殿。宋太宗见他长得特别精神，就问:“你看怎么才能使国家富强呢?”“奖励耕织，减轻赋税，减轻刑罚。”寇准回答。

宋太宗又问:“怎样挑选官员呢?”

“敬重品德好的人，选用有才能的人。”寇准不慌不忙地回答。宋太宗点了点头，又问:“怎样用兵才算高明呢?”

“两军对阵，不动刀枪，就让敌人屈服，这才是最高明的。”寇准侃侃而谈。

宋太宗又问了许多问题，都没能难住寇准。宋太宗见寇准虽然年轻，可是谈论治理国家、选拔官员与军事，胸有成竹，说得十分在理，心里十分高兴，便委任寇准做了巴东知县。

寇准的官职虽小，但他办事干练，政绩卓著，后来进入朝廷，担任谏官。

有一年，时逢大旱，宋太宗召集群臣议事，讨论如何应付严重的灾情。在场的好些官员都说:“天灾是天命所定，古代圣君治理天下时也都出现过，圣上不必过虑。”

寇准却针对朝廷中有些官吏营私舞弊的现象，意味深长地说:“旱灾之所以发生，是由于朝廷判决的案件有不公平的地方，所以老天有意给予惩罚。”

宋太宗见寇准刚调入朝中，就如此放肆，诽谤朝廷，真是不知天高地厚。他怒火难忍，呵斥寇准一顿后，立即拂袖而起。

寇准见皇上准备退朝，心里一急，上前抓住了皇上的衣服，着急地叫道：“陛下，陛下，我还有话未说完。”

“你还有什么话说？”宋太宗虽然不耐烦，但是坐了下来。“臣刚才所讲的朝廷断案不公，确有其事。”寇准诚恳地说，“请圣上将中书省和枢密院两大臣叫来，我便讲出那些判案不公平的事。”宋太宗这回不能不认真了。他找来了两府大臣。寇准这才说道：“最近两府判了两件贪污案。祖吉贪污很少，却判处死刑。而王淮贪污国家资产千万以上，只打了几下板子，不久又官复原职。为什么会这样？因为王淮是参知政事（副宰相）王沔的弟弟。这样徇私枉法，难道公平吗？”

太宗问王沔此事属实否。王沔在铁的事实面前无言以对，连连叩头请罪。寇准这样一个普通的谏官，竟敢在皇上面前揭发副宰相包庇兄弟的罪行。在场的大臣们看到后，有人十分佩服他的勇气，有人暗中指责他刚愎自用，有人说他用心不善，甚至有人极力想对他进行打击和陷害。但寇准仍然秉公直言，毫不畏惧。

寇准不仅敢于揭发坏人坏事，同时也非常虚心，欢迎别人批评自己，指出自己的不足。他的好朋友张咏是一个正直而有才干的官吏。张咏曾经批评他说：“寇公有奇才，可惜学问不够啊！”

寇准听到这话，并不生气。寇准贬官陕州时，恰好张

咏从成都回到长安。两相见，十分亲热。寇准还盛情招待了他。临别时，寇准又送他至郊外，并问："你对我还有什么教言?"

张咏说："《汉书·霍光传》不可不读。"

寇准不知此话是什么意思。他回到家里，连忙翻出《汉书·霍光传》来看。当读到评价霍光"不学无术"的这句话时，就笑着说："这原来是张咏对我的教育呀!"他不但不责怪张咏批评自己"不学无术"，反而认为这是朋友对自己的真诚帮助，从此刻苦读书，学问大进。

实践应用

涛涛受到华华的邀请，星期六去参加他的生日聚会。受到华华邀请的，还有班上的其他同学。

星期六下午3点半，涛涛准时出现在华华家，发现所有同学都已经到了。华华家好不热闹，小伙伴们唱歌的唱歌，玩游戏的玩游戏。

吃完晚饭，华华吹灭了蜡烛，开始许愿——我想当一个画家。同学们起哄，请华华表演才艺，在大厅当场作画。华华画了一幅简单的牵牛花向阳图。同学们都夸他画得好。

华华家里很有钱，平时出手很大方，经常请同学们吃零食。因此很多人喜欢跟华华玩。他们经常夸华华，华华一高兴就会请客。

涛涛看着一幅简单的画被他们夸得天花乱坠，好像是达·芬奇的鸡蛋一般。于是他就实话实说："这幅画画得一般呀，紫色到白色过渡并不太自然。而且这幅画不符合自然规律。牵牛花是早上开花，中午花大都已经开完了。哪有太阳当空照，还有花骨朵没有开的呢？”

他说完之后，大家都不再说话了。华华觉得涛涛让他丢了面子，于是生气地回房间了，他发誓再也不和涛涛说话了。

华华走后，同学们三三两两的，慢慢走到旁边的公园里去玩了。

华华哭过后，被妈妈劝说要虚心接受，并且同学们还在，应该好好招待同学们，于是华华出去找同学们。

但他却看到刚才夸他的张翼翼，在一旁说他的坏话。“华华太搞笑了，他画得那么丑，也好意思拿出来给我们

看！哈哈哈哈！”同学们笑作一团。他想冲上去打张翼翼，却没想到涛涛从一旁站了出来，说：“你们在别人背后说人家坏话，算什么英雄好汉？有本事就在华华面前指出来呀。再说了，华华除了颜色过渡不自然外，哪里有你们说的那么不堪？”

华华在涛涛说完后，就没那么生气了，默默回家了。

第二天，华华打电话叫涛涛来家里玩。涛涛说：“昨天你不是气哭了吗，怎么今天还打电话叫我玩呀？”

“你昨天虽然说了我，但是也为我打抱不平了，可见你不是针对我，你是个正直的人。所以我决定和你成为好朋友。”

正直是金，总会得到认识金子的人的肯定。

经典原文

游终南山

唐　孟郊

南山塞天地，日月石上生。
高峰夜留景，深谷昼未明。
山中人自正，路险心亦平。
长风驱松柏，声拂万壑清。
即此悔读书，朝朝近浮名。

重点注释

◎终南山：秦岭著名的山峰，在今陕西省西安市南。

◎孟郊：唐代诗人。字东野。汉族，湖州武康（今浙江德清）人，现存诗歌500多首，以短篇的五言古诗最多，代表作有《游子吟》等。有“诗囚”之称，又与贾岛齐名，人称“郊寒岛瘦”。

◎塞：充满，充实。

◎高峰夜留景：《全唐诗》此句下注：“太白峰西黄昏后见余日。”这里的“景”指“日光”。

◎朝朝：天天。

古文今译

终南山高大雄伟，塞满了整个天地，太阳和月亮都是从山中的石头上升起落下。当终南山其他地方都已被夜色笼罩时，高高的山峰上还留着落日的余晖；而当终南山其他地方都已经洒满阳光时，深深的幽谷中还是一片昏暗。

终南山矗立在那儿不偏不斜，山中居住的人也和这山一样爽直正派。虽然山路陡峭，崎岖不平，但他们却心地平坦，正直善良，从不会有路险身危的感觉。

山高风长，长风吹动松柏，松枝松叶在风中呼呼作响，松涛回荡在千山万壑之间，十分清脆激越。来到终南山见到如此险绝壮美的景色，我真后悔当初为什么要刻苦读书，天天去追求那些虚名浮利。

礼仪故事

戴就宁死不做假证

东汉年间，有位叫戴就的管理仓库的小官。因他宁死不肯做假证，他的高尚节操，被人们纷纷传颂，先被推举为孝廉，后又被推荐为光禄主事（负责宫廷宿卫及侍从的官）。

戴就在会稽［kuài jī］郡做仓曹掾［yuàn］时，会稽郡的太守叫成公浮。成太守为官清廉，不善奉承，因此得罪了刺史欧阳参。欧阳参就派了一个叫薛安的人，前来搜集成太守“贪污”的证据，结果一无所获。为了置成太守于死地，薛安就把戴就叫来，要戴就做假证。

戴就为人正直，一听要陷害成太守，先是一言不发，后来被薛安逼急了，便虎目圆睁，把薛安大骂了一顿。

薛安一气之下，把戴就抓进了监狱，想用残酷的刑罚，撬［qiào］开戴就的嘴。先是用竹板打、皮鞭抽。竹板打折了，鞭子抽断了，戴就说：“是黑的，白不了，让我说假话，办不到！”薛安又命狱卒把斧头烧红了烫戴就。戴就当即昏死过去。戴就被凉水泼醒后，忍着剧痛怒斥：“上刑的花样由你们，而做不做假证，就由不得你们了！”

薛安仍不甘心罢休，继续想方设法折磨他。戴就被折磨得死去活来，依旧不做假证。

一连几天用刑，薛安已无计可施。他只好问戴就：“你就是一个管仓库的小官，干吗拿自己的性命替太守开脱？”戴就虽然身体虚弱，但说出话来掷地有声：“朝廷命官理应秉公明断。成太守廉洁奉公，我怎能诬陷忠良？你们就是打死我，我也不会做假证。”薛安见戴就誓死不从，又怕出了人命不好交代，只得把戴就放了。

戴就不惧强暴，正直无私，受了那么严重的刑罚都没有冤枉好人。想要像他这样做一个正直的人，着实需要一定的勇气和坚强。

实践应用

六年级的哲哲在做了错事，可能受到责罚时，也有过怯懦退缩的想法。

星期五是坤坤和哲哲值日。打扫完卫生后，他们在教室里玩球。哲哲不小心把足球踢飞了，打碎了玻璃。哲哲往外看，教室外没有人。

哲哲担心老师知道之后会通知家长。哲哲的爸爸对他很严厉。他担心打坏玻璃的事被爸爸知道后，他会挨打。所幸老师的办公室离教室远，老师也看不到这边。

于是，他跟坤坤说：“我们走吧，这件事就当没有发生。我们不要跟老师说。否则，老师肯定叫家长，到时候我会被我爸爸打的。”

坤坤说：“可是，的确是我们打碎了玻璃。如果跟老师说玻璃不是我们打碎的，老师肯定查是谁的责任。到时候，老师查出我们不仅打碎了玻璃，还说了假话，反而更不好。这件事我们瞒着老师是不对的。”

坤坤继续说：“对就是对，错就是错，这玻璃是我们玩球时打碎的，我们就要负责。我们应该向老师承认错误。

你怎能因为害怕责罚，而不承认错误呢？”

坤坤又安慰哲哲说：“如果你害怕你父亲罚你，那我们就跟老师商量，不要叫家长。”

第二天，坤坤找到哲哲，问是否一起向老师认错。哲哲拒绝了。于是，坤坤自己向老师讲述了事情的经过。但是他只说他自己玩球打破了玻璃，并没有提及哲哲。看见坤坤从老师的办公室出来，哲哲担心地问坤坤有没有供出他。坤坤说：“你的错误应该自己向老师坦白，而不是由我告密。”

老师后来没有再问玻璃的事，也没有叫坤坤的家长。哲哲为此纠结了一上午，最后还是主动跟老师承认，玻璃是他打破的，和坤坤没有关系。

老师欣慰地笑了，说：“虽然我没有看监控，但是能够

猜到。当天，你们两个值日[illegible]是，[illegible]时不喜[illegible]踢足球，只有你喜欢足球。[illegible]主动认[illegible]因为他和你[illegible]起玩球了，但是责任不在[illegible]，而是[illegible]。你主动承认错[illegible]说明你是个有担当的男子汉。”

坤坤勇于承认错误，并劝说做了错事的同学一起主动认错。坤坤不怕责备，也没有背后告密。他做到了男子汉应该有的担当与正直。

正直不仅是对个人品质的严格要求，更是能够及时地纠正别人的不良行为或错误。以正直的品质影响身边的人，这才是真正的正直。

经典原文

古风·松柏本孤直

唐　李白

松柏本孤直，难为桃李颜。
昭昭严子陵，垂钓沧波间。
身将客星隐，心与浮云闲。
长揖万乘君，还归富春山。
清风洒六合，邈然不可攀。
使我长叹息，冥栖岩石间。

重点注释

◎孤直：形容松竹之类的姿态高而挺直。

◎桃李颜：桃树和李树鲜艳的样子。这里指谄容媚色取悦权贵。

◎昭昭：高风亮节貌。

◎严子陵：严光，字子陵。东汉光武帝的同学，汉光武帝即位后，他变名易姓，隐于山中。

◎客星：即流星。此指严子陵。

◎六合：常用于指上下和四方，泛指天地或宇宙。

◎邈［miǎo］然：遥远、高远的样子。

古文今译

松柏生性孤直，难以像桃李花一样讨好人。高风亮节的严子陵，便隐居垂钓在沧海之间。他像流星一样隐居，不出来做官，他的心与浮云一样闲远。他向皇帝辞官不做，回到富春山过隐居的生活。这样的举动如清风飘翔万里，吹拂四面，人们深感高不可攀。他的高尚品行令人叹息不已，我将要像他那样到富春山隐居。

礼仪故事

李白戏权贵

唐代著名诗人李白为人正直，蔑视权贵，敢于打抱不平。天宝元年（742 年），李白赴京城赶考。他听说考官是太师杨国忠，监官是太尉高力士。这二人绝不是爱才之辈，而是贪“财”的赃官。谁要想考试不落第，一定要给这两人送厚礼。否则，你就是有天大的本事，也别想考试合格。

李白偏偏不信邪，一文钱的礼也没送。考试那天，李白大笔一挥，半个时辰就做完了全部考题，第一个交卷。杨国忠一看卷头处标有“李白”二字，心想：不送点儿宝，也想考取功名？于是提笔在卷子上写了一行字：“这样的书生，只能给我磨墨。”高力士斜眼看见，眯着小眼嘿嘿直笑。

末了，高力士故意大声地说给李白听：“磨墨是看得起他，我看顶多只配给我脱靴子。”说完，两人都得意地笑了起来。李白对这些貌似了不起，实则根本没有什么真本领的权贵，从来就没有看在眼里。他昂着头走出了考场。

一年后，有位番国使者前来递交国书。宫殿里，烛火辉煌，文臣武将分列两侧。这时音乐奏起，唐玄宗接过国书，转交给杨国忠，让他读一下内容。杨国忠清了清嗓子，正准备读国书。突然，他愣住了。只见那国书上写满了弯弯曲曲的文字，半个字都不认识！杨国忠尴尬地站在那里，出了一身的冷汗。

唐玄宗大怒道：“你们不是平时谁都瞧不起吗？连国书都读不出来，朝廷养你们有什么用？”玄宗传下命令：在朝的文武大臣必须将国书内容弄明白。三日之内，如若没人认得，文武官员一律停发俸禄；六日内没人认得，一概免官；九日内无人认出，统统问罪。玄宗说完，甩手走了。

这下满朝文武可急坏了。他们拿着国书，到处找认识番文的人。满朝文武找遍京城上下，竟然没有找到一个能读懂国书的人。杨国忠为此愁得日夜不安。后来，有人告诉杨国忠，李白认识番文。杨国忠想，自己羞辱过李白，不知道李白是否因此记恨，袖手旁观，看自己的笑话。可是现在也没有别的办法，于是他便派人把李白请进宫来。

李白走上金殿，接过国书，一目十行地看了起来。看罢，他对玄宗说："这个番国要大唐割让给它176座城。如大唐不予，他们就要起兵杀来。""什么？"唐玄宗一听此话，忙向殿下的文武百官寻求良策。群臣面面相觑，没有谁能说出一个好的解决办法。这时玄宗突然想起有大学问的李白，便询问他有什么解决办法。李白笑了笑说："这有何难？明日我来回答那位使臣的问题，让他们老老实实地来归顺我们就是了。"玄宗听此话后，十分高兴，忙拜李白为翰林学士，并在宫中设宴招待他。

第二天，唐玄宗宣李白上殿，正式接待番国使者。李白发现杨国忠、高力士也站在文武朝官中，而且杨国忠还站在首位。李白便对唐玄宗说："陛下，臣去年进京应考，被杨太师、高太尉奚落。今臣见此二人，神气不旺。请万岁吩咐杨太师给臣磨墨，高太尉为臣脱靴，臣意气才高，方能口代天言，不辱君命。"

唐玄宗用人心急，顾不得许多，忙依李白所言传旨。杨国忠心中愤怒，但不敢违抗皇命，只好忍气磨墨。高力士心中窝火，也只能乖乖地为李白脱下靴子。然后，二人恭恭敬敬地侍奉在李白身边。

李白见这两个家伙平日趾高气扬，今天却丑态百出，十分好笑，这才长长地吐了一口气。然后他为皇帝拟写了一封言辞相当犀利的诏书，告诉番国不许胆大妄为。那番使听了诏书，魂都吓飞了，连连叩头赔不是。李白起草的那封诏书，严厉抨击了番国的无故挑衅，有效保证了唐朝边境的安宁。

实践应用

李白快意恩仇，不畏权贵，这体现了他正直的品格。其实正直也有另一种表现方式。

林云下午放学后去书店买书。林云一进书店，就看见有个穿着洗得发白的衣服的小孩在角落里看书。林云逛了一圈之后，选了本辅导书。店主对他们说："要关门了，你们快点儿选书结账。"

那个看书的小孩，环顾周围没有人，便把那本书偷偷地塞进了书包。可能是因为书的内容太精彩，他又没有钱买，所以想偷走这本书。但是无论什么原因，偷书都是不对的。

林云把这一切都看在了眼里。他悄悄地告诉店主："那个小孩偷了一本书放在书包里。"

店主看了他一眼，然后微笑着说:“那是我的孩子。”

林云诧异了一下，没说什么，然后去隔壁买水杯。这时，那个看书的小孩准备离开书店，店主拦住他说:“孩子，我看你好像借了一本书。别忘了在这里登记。虽然书店要关门了，但是你要借书还是可以登记的。不登记的话，这个报警器就会响。到那时，打扰别人就不好了。”

小孩听了后，立马红了脸，然后拿出了那本书去付款台登记。店主登记了姓名、地址、电话，然后告诉孩子，借书可以借一个星期。下星期要记得还。

孩子拿着书，诚心诚意地说:“谢谢叔叔。”

原来那读书的小孩并不是店主的孩子。店主知道他偷书后，用“借书”为他解了围。他用这个方式，告诉孩子不能偷书，同时也保护了孩子的自尊心。

林云突然为自己的行为感到脸红。因为他只知道，把小孩偷书的事告诉店主就是正直的行为，却不知道，如果遇到脾气不好的店主，那小孩可能面临严厉的惩罚和教训。而那没有钱买书却热爱学习的孩子，可能会因此再也不看书，甚至报复店主，从此走上不一样的道路。

真正的正直，不是鲁莽，而是既维护了社会公德，也不伤害别人，让更多的人具有正直的美好品质。

经典原文

高　允

宋　徐钧

直史称诬是诳君，事同罪异愧全身。

谁言矫矫无风节，大胜声嘶股栗人。

重点注释

◎诬：说假话冤枉别人。

◎诳：欺骗，瞒哄。

◎事同罪异：做了同样的事，得到的罪名和惩罚却不同。

◎矫矫：形容英勇威武或超凡脱俗，不同凡响。

◎股栗：因紧张、害怕而两腿发抖。

古文今译

历史上有些人诬陷高允是一个欺骗别人的伪君子。因为他和别人犯了同样的错误，却得到比别人更轻的惩罚。其实持这种观点的人，是应该感到愧疚的。谁说他是一个没有风骨的人呢？他英雄威武，只要大吼一声，就能吓破别人的胆，让别人害怕得两腿发抖。

礼仪故事

说实话的高允

公元386年，鲜卑贵族拓跋珪建国号魏，史称北魏，就是魏道武帝。魏道武帝任用一批汉族人当谋士。其中最有名望的要数崔浩。

崔浩在北魏统一北方的战争中，立了大功，得到北魏三代皇帝的信任。魏太武帝即位后，崔浩担任司徒，掌握了朝政大权，还选派了几十名汉族人士担任各地郡守。这

样，他和鲜卑统治者之间就产生了矛盾。魏太武帝派崔浩带几个文人编写北魏的历史。太武帝叮嘱他们，写国史一定要根据实录。

崔浩和他的同事按照这个要求，采集了魏国上代的资料，编写了一本魏国的国史。当时，皇帝要编国史的目的只是留给皇帝后代看。但是崔浩手下有两个文人却劝崔浩把国史刻在石碑上，让百官看了，也可以提高崔浩的声望。

崔浩自以为功大官高，真的耗费了很多的人力和费用把国史刻在石碑上，还把石碑竖在郊外祭天坛前的大路两旁。

国史记载的的确是史实，但是北魏上代的文化还十分落后，有些事在当时看来有些不够体面。人们看了石碑后，议论纷纷。北魏的鲜卑贵族认为丢了皇族的面子，就向魏太武帝告发。他们说，崔浩等人写国史，是成心揭朝廷的丑事。

魏太武帝本来已经嫌崔浩太自作主张，一听这件事，就发了火，命令把写国史的人统统抓起来查办。

参加编写国史的著作郎高允是太子的老师。太子担心老师有牢狱之灾，心急如焚。他对高允说："明天我陪你朝见皇上。如果皇上问你，你就照我的意思答话，别的什么也别说。"

高允不知道是怎么回事。第二天就跟随太子一起上朝。

太子先去朝见太武帝，说："高允向来小心谨慎，而且地位比较低。国史全是崔浩的责任，请陛下免了高允的罪吧。"

随后，太武帝召见高允，问：“国史都是崔浩编写的吗？”

高允老老实实地回答：“崔浩管的事太多，只写个纲要。具体内容，都是我和其他著作郎写的。”

太武帝转过头对太子说：“你看，高允的罪比崔浩的还严重，怎么能饶恕呢？”

太子对魏太武帝说：“高允见了陛下，心里害怕，就胡言乱语。我刚才问他，他说是崔浩写的。”

太武帝又问高允：“是这样吗？”

“我犯了罪，不敢欺骗陛下。太子这样说，只是想救我。其实太子没问过我，我也没跟他说起过这些话。”

魏太武帝看到高允忠厚直率，心中感动，对太子说：“高允死到临头，还不说假话，的确难能可贵。我赦免他的罪。”

魏太武帝又派人把崔浩抓来审问。崔浩吓得面无人色，什么也答不上来。太武帝大怒，要高允起草诏书，把崔浩满门抄斩。

高允回到官署，犹豫了半天，也没有写出半个字来。太武帝派人一再催问，高允说：“我要向皇上面奏此事。”

高允进宫对太武帝说：“我不知道崔浩犯了什么罪。如果仅是因为编写国史，触犯朝廷，也不该判死罪。”

魏太武帝认为高允不识好歹，叫武士把他捆起来。后来太子再三恳求，太武帝气消了，才把他放了。

事后，太子埋怨高允说：“一个人应该见机行事。我替你求情，你怎么反而触怒皇上？我想起这件事，真有点儿害怕。”

高允说：“崔浩做事私心重，这是他的错误。但是，编写历史，记载帝王活动，朝政得失，这并没有错。再说，国史是我和崔浩一起编写的，出了事，怎能全推给他呢？殿下一心想救我，我十分感激。但是，为了活命而做违背良心的事，我做不到。”

魏太武帝到底没有饶过崔浩，把崔浩全家满门抄斩。但是，由于高允的直谏，国史案没有株连更多的人。要不是高允直谏，太武帝可能会因为国史案杀掉几千人。

实践应用

苏强和王晓鹰是好朋友，他们一起加入了学校广播站。不久，初三的学长要准备毕业考试，广播站将要改选站长。

苏强对站长职务很感兴趣。他很久之前就梦想着能够成为广播站站长。改选站长前夕，苏强对王晓鹰说：“咱俩是好朋友，投票时你可要投我一票。”

竞选站长的环节分两步。首先，竞选人上台发言。然后，由广播站全体成员与老站长一起讨论竞选人是否合格。在讨论时，大家提出，苏强对工作不负责任，经常晚到早退。有一次，由于他的工作失误差点儿让广播无法按时播出。大多数人都说苏强不适合当站长。

经过讨论，王晓鹰决定不给苏强投票。但苏强一直盯着自己，他开始纠结了。他想：那么多人不喜欢苏强，我投一票也改变不了苏强落选的局面。

但是，那样做，就有失公允，且不负责任。在兄弟情谊与正直面前，王晓鹰陷入了两难境地。

最后，他还是没有给苏强投票。苏强的脸都气绿了。他怎么解释苏强也不听。苏强觉得，王晓鹰作为好朋友，就应该毫不犹豫地支持他，给他投票。而王晓鹰认为，情谊是情谊，责任是责任，如果违背自己的内心，那就是不正直。

此后，苏强再也没有找过王晓鹰。以前无话不谈的好朋友，因为一张选票而形同陌路。

后来王晓鹰每次想到这件事，都会问自己："后悔吗？"每一次他的答案都是："不后悔。"有时候虽然王晓鹰会觉得难过，但是从来不后悔。

正直是不偏袒，不偏护，遵从内心，做正确的事。王晓鹰虽然失去了苏强这个好朋友，但是他没有失去正直的美德。

经典原文

送丹霞子阮芳颜上人归山

唐　孟郊

松色不肯秋，玉性不可柔。

登山须正路，饮水须直流。

倩鹤附书信，索云作衣裘。

仙村莫道远，枉策招交游。

重点注释

◎松色：松树的颜色。

◎玉性：玉石的性质。比喻坚贞的品性。

◎柔：柔软。　◎倩：姿容美好。

◎索：讨要。　◎衣裘［qiú］：指夏衣冬裘。

◎枉策：弯曲的马鞭。　◎交游：朋友。

古文今译

松树的颜色一直都是绿色的，即使到了秋天也是一样。玉石的品性不是柔软的，而是坚贞不屈的。登山的时候必须走正路，喝水的时候必须喝直流下来的水，就像为人应该正直一样。

书信是姿容美好的白鹤带来的，穿着向天空讨要的云彩作为衣裳。你不要嫌弃去往仙村的路途遥远，那来往的都是带着弯曲的马鞭打招呼的朋友啊。

礼仪故事

史弼正直不屈

史弼［bì］是东汉时陈留考城人。汉桓帝时，他到平原郡为相。这一天，他突然接到朝廷诏书，命他举报李膺［yīng］等人在平原郡的同党。

当时宦官专权，政治腐败，李膺、陈蕃等几位正直的官员和太学生郭泰、贾彪等人联名，猛烈抨击宦官集团祸国殃民的罪行。宦官们恼羞成怒，诬告李膺等人“朋党为奸，诽谤朝廷”。昏庸的汉桓帝竟信以为真，把李膺等人逮捕入狱，并下诏书，要各地郡县检举李膺等人的同党。附近的各郡国都向朝廷举报李膺的“党人”名单，无辜受到牵连的有数百人。

史弼与李膺平日交往很少。当他了解到这是无中生有的冤案后，没有向朝廷举报一人。这时，搜捕李膺“党人”的诏书接连不断地传到州郡。一些地方官吏便趁机挟嫌报复，将平时对宦官不满和对自己不满的人，通通指认为李膺“党人”，把他们剃了光头，严刑拷打，逼迫他们供出“同党”。一时间各地百姓怨声载道。唯有平原郡没有什么动静。

史弼的上司青州刺史特地派从事史到郡里督察。从事史星夜赶到平原郡，厉声指责史弼：“皇上对李膺党人十分痛恨，决心铲除他们。诏书的要求十分明确。青州六个郡，有五个郡举报了李膺党人，为什么平原郡一个党人也没有!”

史弼理直气壮地回答:“先王治理天下，依据各地的不同情况，把国土分疆立界。各地水土不同，风俗相异，民风也不一样。别的郡有党人，平原郡没有，这很正常，怎么能胡乱攀比呢？如果为了巴结迎合上司，诬陷善良之人，用残酷的刑罚逼迫人家招供，那么，平原郡的每户人家，都可以指为党人。可我这个平原相，宁死也不能干这种事情!”

从事史见史弼竟敢顶撞自己，气得暴跳如雷，抓了平原郡的几个下级官吏入狱，并威胁史弼:“你敢抗旨，庇护奸党，我要向朝廷告发你!”

从事史回到青州，向刺史禀报了平原郡的情况。刺史立刻向朝廷上奏：史弼抵制诏书、同情李膺党人。不料，这时朝廷又不想追究李膺党人了。李膺等人也被释放，只是终身不许为官。由于史弼坚持正义，敢于抵制诬陷滥捕党人的诏书，使平原郡的上千人免受牵连。

史弼因为正直不屈而受到人们的敬仰。

实践应用

又到了七（1）班负责卫生检查的值日周了。这次值日的有王小楠、钟俊、李兴。他们走到七（2）班的清洁区，看见打扫得并不彻底，给评了“良”。

当检查自己班的清洁区时，发现也不太干净，王小楠准备在值周本上写一个“良”字，但钟俊不同意。

他说:“上周流动红旗就在我们七（1）班。如果我们这周是良，那么流动红旗就要被别的班夺去了。况且值日生都向着自己班。以前七（2）班值周时，遇到我们两班卫生情况差不多，也是给我们良，给他们自己班优。”

李兴说：“那不好吧。要不然，咱们把自己班清洁区扫干净了再评优。”

王小楠说：“我们不管别人怎么做，只管我们自己。我们作为值周生，就应该遵守规则，公平公正。明明我们班清洁区只符合良的标准，却要给一个优，这有违原则。如果我们扫干净了再给优，那也是对别班的不公平，因为别的班都是扫了一次，没有二次打扫。”

最后，在王小楠的劝说下，钟俊和李兴都同意给自己班一个良。虽然这次因为没有打扫干净会失去流动红旗，但是只要下次扫干净，就可以将流动红旗夺回来。但如果

因为自己是值日生，就厚此薄彼，其他班知道了，也会有样学样，卫生评比就失去了公平和公正。

从王小楠、钟俊和李兴的做法中，我们可以知道，当我们手中掌握了某些权力时，一定要做到公平公正，不能厚此薄彼。

经典原文

题张老松树

唐 宋之问

岁晚东岩下，周顾何凄恻。

日落西山阴，众草起寒色。

中有乔松树，使我长叹息。

百尺无寸枝，一生自孤直。

重点注释

◎宋之问：字延清，名少连，汉族，汾州（今山西汾阳市）人，初唐诗人，与沈佺期并称“沈宋”。唐高宗上元二年（675年），进士及第。与陈子昂、卢藏用、司马承祯、王适、毕构、李白、孟浩然、王维、贺知章并称为“仙宗十友”。

◎岁晚：原本指时节。立春为二十四节气之首，但这个节气有时出现在农历“年初”，有时又出现在农历“上一年年末”，凡后一种情况，即称“岁晚”。

◎凄恻：指悲痛，因情景凄凉而悲伤。

◎无寸枝：不分枝杈。

◎孤直：孤高直挺。比喻为人有如老松，孤高正直。

古文今译

立春时节，站在东面的山岩下，环顾四周，因情景凄凉而悲伤。太阳向着西山的背面坠落下去，夜幕降临，草木的颜色逐渐变深，给人以寒凉之感。

山中那高大挺拔的乔木和松树，让我发出了长长的叹息。高插云天的松树是那样笔直，它连一个分杈都没有。人也应该像松树那样，有刚直不阿的高贵品质。

礼仪故事

谢安敢讲实话

东晋时有个德高望重的文人，名叫庾［yǔ］亮。他才华横溢，精通诗赋。文人们都很敬佩他。经他点评的好文章，常常会不胫而走，身价百倍。

有一天，庾亮刚刚送走一批学者，老管家就跑来禀报：“亲族子弟庾仲初求见。”庾亮心想：“庾仲初不学无术，从不动用笔墨纸砚。他来找我做什么？”

一会儿，庾仲初走了进来。他掏出作品《扬都赋》请庾亮评阅。庾亮拿在手中，一看却是一篇非诗非词、生搬硬套、没有章法的文章。仔细审阅，庾亮觉得，这篇文章，内容空洞，结构松散，只是机械地模仿别人。

读罢，庾亮有心当着庾仲初的面指出此文的弊端。但他转念一想，庾仲初是自己的亲族，自己这样做，岂不丢了庾氏家族的脸面，也枉费了庾仲初的一片心机。于是，庾亮来了个一百八十度大转弯，昧着良心，大肆赞扬了这首《扬都赋》一番。最后他还说："此文主题鲜明，文笔流畅，语意深刻，可以同大文学家张衡的《两京赋》和左思的《三都赋》媲美。"

时隔不久，庾亮为庾仲初评阅《扬都赋》的消息像长了翅膀一样传遍了每个角落。《扬都赋》一文也随之身价骤增，文人们广泛传诵，争相抄赠。

文人们发现庾仲初的《扬都赋》读着有些拗口，词不达意，纯粹是生搬硬套。但无奈于庾亮的威信，便个个为庾仲初的《扬都赋》拍手叫绝。庾仲初也因此声名远播。更有一些人，为了讨好庾氏家族，竟将《扬都赋》张贴到街头。于是，每天在街头都可以看到一些人吟诵《扬都赋》。

这一天，东晋有名的政治家谢安漫步在街头。他发现前面不远处黑压压地聚集了一堆人。有的在摇头晃脑地吟诵着什么，有的似乎在聚精会神地倾听，有的则在凝神默记。谢安心想："这肯定又有佳作出世。不然，不会招致这么多人的青睐。"于是，谢安赶紧走几步来到了跟前。

"你们读的是什么文章？"谢安走到一个人面前问道。

这个人答道："你没听说过吗？这是庾仲初的近作《扬都赋》。庾亮庾老前辈曾给予很高的评价。如今，这篇赋可谓家喻户晓，尽人皆知……"说完，那个人又继续摇头晃脑地诵读。

谢安听后心想："《扬都赋》？我怎么没读过？既然能得

到庾公的赏识，那一定是很出色的诗赋。”于是，谢安也认真地读了起来。

读完一遍后，谢安紧锁眉头，心中顿生疑窦［dòu］，想：“这只不过是一篇抄袭他人的作品，内容杂乱，语意不畅，缺少文笔章法。庾亮为什么给它以很高的评价呢？人们又为什么会如此地欣赏这等劣作呢？”

这时，人们正在纷纷议论《扬都赋》。有的说：“如此诗赋，朗朗上口，真可谓妙笔横生啊！”有的说：“庾仲初能写出文笔如此优秀的文章，可称得上诗坛新秀！”有的则恭维地说：“庾老前辈德高望重，真是慧眼识真金啊！”这时，有人对谢安说：“谢公，谈谈您的看法吧！”

谢安心想：“这些人昧着良心说假话，无非是有畏于庾亮的权贵与威望。做人就应该光明磊落，不畏权贵，敢讲实话。”想到这里，谢安神情淡淡地问众人：“你们是让我说实话，还是让我唱颂歌呢？”

略停了一下，谢安接着说：“庾公的评价过高了，这首《扬都赋》只是牛硬地模仿前人作品，语言并不流畅，毫无创新之处。怎么可以和《两京赋》《三都赋》相提并论呢？写文章，应讲究独创精神，形成自己独特的风格。一味地生搬硬套，这是学识浅薄、才力疏弱的表现！诸位心里都明白这个道理，只是不愿意说罢了！”

这些话说到了人们的心里。不少人连连点头称是，都认为谢安是个敢讲真话的人。

实践应用

李阳放学坐公交车回家。他挤了半小时，才在公交车上找到一个座位。没多久，上来一个孕妇，后面跟着一个青年。李阳看见孕妇上车，就站起来，准备让孕妇过来坐下。但没想到，那青年先一步坐在了李阳让出的座位上，然后闭上了眼睛。

青年长得凶神恶煞，李阳有点儿害怕。他想叫青年给孕妇让座，却又不敢开口。犹豫了两三分钟后，他觉得不能这么懦弱，就对那青年说："叔叔，这是我刚才的座位，我站起来是为了给那位孕妇阿姨让座。"

青年听了，脸瞬间红了，连忙跟李阳道歉："对不起，

我以为你要下车了，没想到你是给孕妇让座。这是我的疏忽。我加了几天班，累得恍恍惚惚，也没注意到孕妇，很抱歉。”随后他又夸了李阳一下：“小朋友真棒。”

李阳以为那青年是故意抢座位，并做好了与他争辩的准备。李阳也害怕那青年动手打人，心里忐忑不安。没想到那青年通情达理，只是因为疏忽和劳累才抢了座位。

李阳原谅了他，很大度地说：“没关系。”

但李阳心里有一种劫后余生的庆幸，因为他决定提醒青年给孕妇让座时，心情十分紧张！

这也告诉他，该出手时就出手。万一是别人的疏忽，你只需要提醒一下就可以了。

孕妇也感谢李阳让出了座位，更感谢他仗义执言，向那青年要回座位。

敢于维护正义，做正直的人，总会冒一些风险。但是，只要你勇往直前，不退缩，为正义发声，总会得到人们的理解和支持。

第四章 感恩

经典原文

宿五松山下荀媪家

唐　李白

我宿五松下，寂寥无所欢。
田家秋作苦，邻女夜舂寒。
跪进雕胡饭，月光明素盘。
令人惭漂母，三谢不能餐。

重点注释

◎五松山：在今安徽省铜陵市南。

◎媪（ǎo）：老妇人。

◎寂寥：寂静冷清，无人陪伴，（内心）冷落孤寂。

◎田家：种田为生的人家，指农家。

◎秋作：在秋天劳动，指秋收。

◎苦：劳动的辛苦，心中的悲苦。

◎夜舂［chōng］寒：夜间舂米寒冷。舂：将谷物或药倒进器具进行捣碎破壳。此句中“寒”与上句“苦”，既指农家劳动辛苦，亦指家境贫寒。

◎跪进：古人席地而坐，上半身挺直，坐在足跟上。

◎雕胡：就是“菰”［gū］，俗称茭白，生在水中，秋天结的果实，叫菰米，可以做饭，古人当作美餐。

◎明：皎洁明亮。

◎素盘：白色的盘子。一说是素菜盘。

◎惭：惭愧。

◎漂母：在水边漂洗丝絮的妇人。

◎三谢：多次推托。

◎不能餐：惭愧得不敢进餐。

古文今译

我寄宿在五松山下的农家，没有知心的人陪伴，心中感到十分苦闷而孤单。农家秋收劳作更加繁忙，邻家的女孩子，在具有寒气的秋夜里，整夜在舂米，好像不怕秋夜的清寒一样。

房主荀媪给我端来菰米饭，盛满像月光一样皎洁的素盘。这不禁使我想起了接济韩信的漂母，惭愧得一再辞谢而不敢进餐。

礼仪故事

诗中李白提到的“漂母”，其实是有一段故事的。这段故事记载在《史记》中。说的是汉朝大将军韩信小的时候，父母就去世了。因为没有人为他提供衣食，他过得异常窘迫。

他虽然用功读书，拼命习武，然而，家里贫穷，没有人推选他去做官。他不会做买卖，挣钱谋生的本事一样也不会。迫不得已，他只好到别人家吃“白食”。为此他常遭别人的冷眼和嘲笑。

韩信咽不下这口气，就来到下邳［pī］（今江苏睢宁县西北古邳镇东）城下河边钓鱼，用鱼换饭吃。但是鱼并不是容易钓的，有时候能够钓到鱼，有时候钓不到鱼。因此，韩信就经常饥一顿饱一顿。

淮水边上有个老奶奶为人家漂洗纱絮，人称“漂母”。她见韩信挨饿挺可怜，就把自己带的饭分一半给他吃。天天如此，从未间断。

韩信发誓要报答老奶奶，便说：“我将来必定重重地报答您老人家。”老奶奶生气地说：“你是男子汉，却不能养活自己。我是可怜你，才给你饭吃，难道是希望你报答吗？”

韩信被老奶奶说得不好意思了，于是就去当兵，发誓一定要出人头地。后来，韩信辅佐刘邦建立汉朝，被封为“淮阴侯”。但他对漂母分食之恩始终没忘。他回到楚地，派人四处寻找。韩信找到老奶奶之后，赐给她一千金作为报答。这也是成语“一饭千金”的来历。

韩信在被漂母奚落后，投身军营，建功立业。韩信在飞黄腾达后，不忘分食之恩，千里迢迢跑回楚地去报恩。他知恩图报的行为令人称赞，值得我们学习。

实践应用

现实生活中，像韩信这样记恩不记仇的人，也有很多。

吴化和吴峰是很要好的朋友。吴峰喜欢打篮球，吴化喜欢踢足球，每当课外运动时，他们就要进行一番争辩。因为两个人喜欢的运动不同，都想让对方参与自己喜欢的运动项目。

一天，这样的争辩又上演了。不知道什么原因，他们吵了一架。其中吴化打了吴峰一拳。吴峰很伤心，于是他跑回教室里面，在黑板上写道："今天我朋友打了我一拳。"写完后，他就回到了座位上自己玩起来了。吴化也后悔不小心打了吴峰。于是他就跑到了吴峰的教室里，想安慰他。

开始，他看到吴峰写在黑板上的字后，悄悄地离开了。

第二天，吴化买了吴峰最爱吃的全家桶以及吴峰梦寐以求的彩色铅笔送给吴峰。吴峰高兴极了。于是他从座位上翻出了笔记本，在上面写道："今天我朋友给我买了我喜欢吃的全家桶，还送了我一盒彩色铅笔。"

吴化看吴峰写完后，一头雾水地问："为什么上次我打了你一拳，你把它写在黑板上，而我给你买东西，你却把它写在笔记本里呢？"

吴峰笑了笑，回答道："当别人对我有误会，或者有什么对我不好的事，就应该把它记在最容易遗忘、最容易消失的地方。我把它写在黑板上，可以抹掉，忘记那些

不好的事情，心情也就好了。而当朋友有恩于我，或者对我很好，就应该把它记在最不容易消失的地方。笔记本上的字不容易擦掉啊。记着美好的事情，我的心情就会一直美好。”

吴化恍然大悟，也拿出自己的笔记本，写道：“今天我朋友教会了我：要学会感恩，不要记仇。”

吴峰看完吴化写的话之后，两个人哈哈大笑起来。

是呀，在我们的生活中，朋友、家人、同学、老师……在和我们相处的过程中，或多或少都会有一些做得不好的地方，但这些都是因为他们的不小心，而不是有意为之。如果要记仇，那么我们就很容易变成“复仇者”。而复仇并不会让我们感到快乐。

那么我们为什么不记下那些开心的事情，而忘记那些不开心的事情呢？

经典原文

寄荆州张丞相

唐　王维

所思竟何在，怅望深荆门。
举世无相识，终身思旧恩。
方将与农圃，艺植老丘园。
目尽南飞雁，何由寄一言。

重点注释

◎荆州：今湖北江陵，春秋战国时楚国都城，三国时的名城。

◎张丞相：即张九龄，开元二十五年（737年）四月贬为荆州大都督府长史。

◎王维：唐朝著名诗人、画家，字摩诘，号摩诘居士。河东蒲州（今山西运城）人。

◎所思：所思慕的人和事。　◎怅望：望或想望。

◎荆门：山名，在湖北省宜都县西北长江南岸。此处借指荆州。　◎举世：全天下。　◎方将：将来，未来。

◎艺植：种植，耕种，栽植。

◎飞雁：一作“飞鸟”。　◎何由：怎能。

古文今译

我所思念的人在何方呢？重山叠嶂，路途遥远，我只能怅然地遥望着荆州。我虽满腹才华，可除了张丞相，全天下再也无人赏识。没有张丞相的赏识，恐怕我还是寂寂无闻。张丞相，您的知遇之恩，我终生难忘。

您遭不幸，被贬荆州，我也将追随您，退出这污浊的官场，归隐田园。南飞的大雁呀，你们振翅高飞，可是，要怎样才能将我的思绪传给荆州的故人呢？

礼仪故事

灵辄报恩

春秋时期的晋国重臣赵盾，有一次到都城边上的首阳山去打猎。在路边休息的时候，他看见有个叫灵辄的人倒在地上，便去问他的病情。

灵辄说：“我实在太饿了，已经三天没吃东西了，所以没有力气站起来。”于是赵盾就拿了准备在打猎时吃的干粮给灵辄吃。灵辄吃了一半，留下了一半揣在怀里。

赵盾不解，问为什么，灵辄说：“我给别人当奴仆三年了，不知道家中老母是否活着。现在离家近了，请让我把留下的食物送给她。”赵盾听完深受感动，就让他把食物吃完，另外再给他准备了一份饭和肉，放在口袋里递给他。

后来，灵辄做了晋灵公的武士。当他知道晋灵公要在朝堂上杀掉赵盾的事情后，就在搏杀中把武器倒过来抵挡晋灵公手下的人，使赵盾得以脱险。

赵盾问他为什么这样做，他回答说："我就是当年倒在路边的饿汉。"赵盾再问他的姓名和住处，他没有回答就退走了。

灵辄感恩赵盾给他吃的一餐饭，最后不惜以身犯险，救了赵盾一命。他知恩图报的精神，值得我们学习。

我们生活在最好的时代，社会和平，所以不会发生像灵辄陷入险境后被救，而去报恩的事情。但是感恩之心我们不可不有。

在食不果腹的古代，能够给人吃饱饭就相当于再生父母。我们虽然没有遇到过灵辄那样的险境，但是我们可以感恩父母，感恩帮助过我们的人。

实践应用

黄玄的妈妈是个早出晚归的大忙人。在黄玄有记忆开始，一天当中只有晚上才能见到母亲。黄玄曾抱怨妈妈没有时间陪他。妈妈却说，为了给黄玄更好的生活，现在不得不忙起来，过一段时间就好了。

过了很久，情况也没有好起来，妈妈还是忙得没有时间陪伴黄玄。黄玄便慢慢认为妈妈不爱他。

直到有一天，语文老师布置了一项这样的作业：晚上对父母说一句感恩的话。望着这项作业，黄玄有些为难，心想：这项作业看似简单，可实行起来却有些难度。这种话，我可说不出口。

黄玄又想：妈妈根本不爱我，如果我对她说这句话，她肯定要嘲笑我。不过，作业总归是作业，再难也要做。

这天，黄玄很晚了都没有睡，就在客厅等着妈妈回来，好完成“作业”。晚上 11 点半，妈妈终于回来了。她匆匆地看了黄玄一眼，叫他去睡觉，然后就直接去厨房忙碌了。黄玄慢吞吞地走进厨房，望着正在弓着背煮面的妈妈。他突然感到一阵心酸，感恩的话很快就脱口而出了：“妈妈……感……谢你这几年对……我我……的照顾！”

妈妈听了，转过身，仿佛幻听了，问：“你说什么，支支吾吾的。”黄玄鼓起勇气，快速地说：“妈妈，谢谢你这几年对我的照顾！”妈妈听完后，还装作满不在乎地用手指点着黄玄的脑袋，说：“你小子今天吃错药了？突然说话这么好听？”

然后，妈妈转过身继续看着锅里的面条。黄玄偷偷地瞟了妈妈一眼，发现妈妈眼里闪着泪光。

黄玄突然不知所措，正要转身回房间时，妈妈说：“对

不起，儿子。这几年妈妈忙着工作，很少有时间陪伴你。”她哽咽了一下，继续说，“我都害怕陪你的时间少了，你认为我不爱你了，幸好……我担心的事情并没有发生。你今天说的这些话，我真的很感动。”

然后妈妈转过身来，拥抱了一下黄玄，说：“谢谢你，儿子，我今天很开心。”

你是不是和黄玄一样，不太善于和父母说感恩的话呢？如果是这样的话，以后就多说一些吧。相信你的父母，一定会很开心的。

父母养育我们，原本就很辛苦了。我们说一些感恩的话，做一些感恩的事，会让他们那辛苦的成人世界里，多一点儿甜。所以，多感谢父母一点儿，多爱父母一点儿吧。

感恩其实很简单，给爸爸洗一次脚，捶捶背；帮妈妈做一些家务活儿，洗洗菜，拖拖地，刷一下碗筷。

这些其实并不难，就看你是以怎样的心态来面对了。感恩，是我们中华民族几千年来传承的美好品德，所以我们要继续把它传承下去！

经典原文

献刘济

唐　李益

草绿古燕州，莺声引独游。

雁归天北畔，春尽海西头。

向日花偏落，驰年水自流。

感恩知有地，不上望京楼。

重点注释

◎李益：唐代诗人，字君虞，大历四年进士，以边塞诗闻名，擅长绝句，尤其工于七绝。

◎绿：在这里是动词，变绿的意思。

◎燕州：孝文帝太和十一年分恒州东部、幽州北部设置燕州。

◎向日：往日；从前。

◎驰年：指流逝的岁月。

◎望京楼：古人以登望京楼表示想入京城为官。

古文今译

燕州的草木又变绿了，天气开始暖和起来，黄莺鸟的歌声吸引我出来游玩。大雁回归到北方去了，春天的脚步蔓延到了海的西边。我正看着花，花偏偏枯萎凋落了，流逝的岁月就像水一样一去不复返，怎么也拦不住。幽州节度使刘济对我有知遇之恩，为了答谢他，我会安身于边地，不去思考返回帝都的事情。

礼仪故事

梅兰芳感恩

梅兰芳能成为京剧大师，除了自身的天赋和努力之外，他的背后还有个特殊的智囊团。智囊团成员多是京城名流，他们因为酷爱京剧，自发地组织起来为梅兰芳出谋划策，创作剧本，联系演出，出钱出力，事无巨细，几乎无所不包。这些人都是梅兰芳的超级“粉丝”，因此被形象地称为“梅党”。

李宣倜便是“梅党”中人。清末时他毕业于日本士官学校，回国后任三品御前侍卫，人称“三爷”。梅兰芳出身贫寒，幼年丧父，跟随祖母生活。他自幼入科班学艺，10岁起登台演出，自此崭露头角。李宣倜对梅兰芳极为赏识，帮他修改过不少唱词，还接济过梅家。两个人由此结下了深厚的友谊。

梅兰芳15岁那年，不幸染上了白喉病，仍每日带病坚持演出。当时医疗水平很差，白喉病若治疗不及时，会危及生命。李宣倜得知后，心急如焚，马上找到梅兰芳的祖母质问：“小孩病得这么重，干吗还让他登台演出？这不是要孩子的命吗？”

祖母顿时泪下，叹息道：“三爷，您有所不知，我们全家都靠这孩子每天唱戏赚的8吊钱来养活。他一天不唱，一家人就揭不开锅。我也是迫不得已啊！”李宣倜当即说道：“那好，从明天起，你每天派人到我家去取8吊钱来，马上送孩子去治病，治好了为止。”

对于贫病交加的梅家而言，这无异于雪中送炭。梅兰芳的祖母大为感激。梅家的生活有了保障，梅兰芳就每天待在家里安心养病。40天后，梅兰芳病情痊愈，重新登台演出。李宣倜接济梅家，完全是出于爱才心切。以他当时的显赫地位，自然没把这300多吊钱放在心上。但梅兰芳却对李宣倜的恩情终生不忘。

岁月沉浮，经历了清朝覆灭、民国建立，后来抗日战争爆发，梅兰芳蓄须明志，拒绝与日本人合作。当时，李宣倜却在汪伪南京国民政府任职。抗战胜利后，梅兰芳名满天下时，李宣倜已沦为汉奸，妻离子散，穷困潦倒。他蜗居在上海的一间小公寓里，无依无靠，晚年的生活十分凄凉。富贵时的朋友早已消散，别人对他唯恐避之不及。但梅兰芳从不避嫌，不光每月资助他 200 元生活费，还经常派弟子去陪他聊天解闷。梅兰芳每次到上海演出，必定会把李宣倜接来吃饭，依然毕恭毕敬地喊一声“三爷”。

后来李宣倜病重，梅兰芳侍奉床前，紧握住他干枯的双手，动情地说道：“三爷，您放心，身后之事，我一人承担。”老人闻言，潸然泪下，不久就安然辞世。李宣倜的后事均由梅兰芳亲力亲为，操办妥当。两个月后，梅兰芳也溘然长逝。

篆刻大师陈巨来感叹道：“荀梅先死二月，则李尸臭矣！”陈巨来和梅兰芳、李宣倜都有过交往，是这段往事的见证人。他的话也许过于直白，却更让人对梅兰芳和李宣倜的这段情义心生敬佩。

李宣倜当年给梅家每天 8 吊钱时，断然想不到日后之事。而梅兰芳却始终谨记在心，用一生来回报。民国是大师辈出的时代，却独有“梅党”，足可见梅兰芳的魅力所在。他留给世人的，不只是灿烂夺目的艺术，还有熠熠生辉的品格。

实践应用

感恩，是一种人格魅力，也是一种歌唱生活的方式。它来自对生活的爱与希望。

有一天晚自习，老师组织考试。考试结束后，公交车已经停运了。林岚便打了一辆车。

林岚的家住在老城区的小巷子里。从大马路到她家门口，有一段路是刚修的，还没有装路灯。巷子里黑乎乎的一片。林岚下车后，就直接往前走。

但是，司机一直没有走，车灯一直照着她。林岚想起老师在安全课上讲的一些案例，女孩子回家晚了，容易遇到坏人。林岚突然心里有些忐忑不安，于是快步跑到了家门口。当她打开门时，司机就发动汽车绝尘而去了。

司机走后，林岚才突然想到，自己刚才走过的那段路，一直都是十分明亮。司机担心夜太黑，林岚看不清脚下的路，找不到开门的钥匙，于是为她亮起了这温暖而明亮的车灯。

林岚为自己误会了好心的司机而感到羞愧，同时，心里也升起了对司机深深的感激之情。

她想，或许再也没有机会坐上那位好心司机的车。对司机的暖心举动的最好报答，就是成为司机那样的人。于是，林岚加入了学校的暑假志愿者服务队，在斑马线旁协助交警疏导行人，帮助伤残人士过马路。林岚觉得自己的这个暑假过得非常充实，非常有意义。因为林岚帮助别人的时候自己最开心。

这一切源自那晚明亮的车灯。一个懂得感恩的人，别人帮助自己，就会回馈他人。当懂得感恩的人越来越多时，这个世界就会越来越好。

经典原文

故人寄茶

唐　曹邺

剑外九华英，缄题下玉京。开时微月上，碾处乱泉声。
半夜招僧至，孤吟对月烹。碧沉霞脚碎，香泛乳花轻。
六腑睡神去，数朝诗思清。月余不敢费，留伴肘书行。

重点注释

◎曹邺：字邺之，生卒年不详，桂州阳朔县人。晚唐诗人，以五言古诗著称。 ◎剑外：剑阁以南的蜀中地区。

◎九华英：唐朝的一种名茶。

◎缄题：指信函的封题。亦指书信。

◎下：送下，送到。 ◎玉京：指帝都。

◎数朝：好几天。

◎肘书：提起手肘书写，指读书写字。

古文今译

友人从剑外寄来名茶九华英，随着书信抵达帝都，来到我的手上。打开的时候月牙初上，碾茶声听起来似乱泉跃动。我不忍独自享受，于是夜半时分邀僧友一起品茶。

我亲自烹茶，对月吟诗。碧绿的茶叶慢慢地沉到碗底，泛起一阵水涟漪和清香。喝到口里，口感独特，使我的精神一下子焕发起来。饮后文思泉涌，写诗的思绪一下子迸发了出来，几天都收不住。剩余的茶饼更加珍惜，舍不得浪费一点儿，只有读书写字的时候才舍得取用。

礼仪故事

顾荣施炙

顾荣是西晋末年的大臣。在洛阳的时候，有一天顾荣应人邀请赴宴。宴会中主人准备了烤肉。顾荣发现端烤肉的仆人，露出想吃烤肉的神情，于是就停下吃肉，把自己那一份给了他。

同座的人都讥笑顾荣，顾荣说：“哪有成天端着烤肉而不知肉味儿的这种道理呢！”后来遇上战乱，顾荣过江避难。每逢顾荣遇到危机时，常常有一个人在身边护卫着他。顾荣觉得很奇怪，便问他原因，原来他就是当年接受烤肉的人。

“施恩甚勿念，受施甚勿忘。”帮助别人，不用念念不忘；接受别人的帮助，却需要永记心上。顾荣和那个仆人，大概就是这样吧。

帮助别人，并不是为了别人有一天能回报自己，那样的帮助并不是真的帮助。而接受别人帮助的人，则应该对别人的帮助心怀感激，将来有机会便要报答对方。

实践应用

赵斌就是一个将别人对他的好，一直记在心里的少年。

两年前，赵斌刚上初一。那年“十一”小长假的第一天他就摔骨折了。

国庆节同学们都在外面玩，只有他一个人躺在医院里。天气炎热，再加上摔断了腿不能去外面玩，赵斌很是郁闷，胃口大减。但是父母担心他的身体，在旁边逼着他吃东西。

疼痛和不被理解，让他觉得很委屈。于是他边吃东西边哭。正当他哭得起劲儿的时候，旁边来了一个小女孩。

小女孩对他说：“哥哥，你是觉得很痛对吗？我也摔断过腿。按照我的经验，痛一会儿就不痛了，你放心好了。”

小女孩说着就坐到旁边的床上，然后把长裙掀到膝盖

上，把左小腿的假肢取了出来。赵斌看着小女孩，很是惊讶，突然就不哭了。他心想：天哪，我只是摔伤而已，但这个小女孩，整个小腿从膝盖往下都没有了。

最让赵斌震惊的不是小女孩没有腿，而是她即使没有腿，依然乐观开朗，还安慰他这个有腿的大哥哥。

于是赵斌不再哭泣，认认真真地吃饭。

之后的几天腿还是会痛，但是小女孩都会陪他说话，转移他的注意力。渐渐地，他也知道了小女孩的用心。他问小女孩为什么这样做。小女孩看着赵斌的腿，说："我的腿以前受伤的时候，也很痛。我知道那种感觉。如果有人跟我说话，我就会好很多。所以现在我跟你说话，你应该也会好很多的。"

的确是这样，小女孩和赵斌说话的时候，他仿佛感觉不到疼痛了。

十一小长假很快就过去了，受伤不严重的赵斌也很快就出院了。出院前，他问小女孩住在哪里，如果有时间的话，可以到他家去玩。

小女孩告诉他，她住在很远的地方，以后应该没时间了。

赵斌心里有点儿难过，但是他也知道，有些事不可强求。他们就这样离别了，从此再也没有联系过。

今年，他已经上初三了。更让他高兴的是，国庆节他又看见了当年陪自己说话的那个小女孩。

小女孩考到了他的学校，成了一名初一的学生。他高兴地向小女孩打招呼。之后，每天放学他都等小女孩一起回家，帮小女孩拿书包，和她一起过马路。虽然他知道小女孩安了假肢，有时和平常人没有什么区别，但是他想帮小女孩做一些力所能及的事情。即使他每次送小女孩回家，还要再返回3公里，他还是坚持送小女孩回家。

但是他只要一想到，两年前小女孩曾经给他的安慰，感恩之情就油然而生。他就忍不住想对小女孩好一些，以报答她当年的恩情。

虽然小女孩只是陪他说话，让他暂时忘记痛苦，但是他记了整整两年。于是，他以自己特有的方式来报答小女孩的恩情。赵斌的感恩行为，很值得我们学习。

经典原文

离阙下日感恩

唐　李建勋

二年尘冒处中台，喜得南归退不才。
即路敢期皇子送，出关犹有御书来。
未知天地恩何报，翻对江山思莫开。
斜日苇汀凝立处，远波微飏翠如苔。

重点注释

◎李建勋：字致尧，广陵人。约生于唐懿宗咸通十三年，卒于周太祖广顺二年，年约八十一岁。

◎尘冒：谦辞。像尘土一样充数。　◎中台：即尚书省。

◎南归：古代诗人都有归隐终南山的想法，后来用南归表示从官场上退隐。

◎即路：启程；上路。　◎御书：皇帝书写的字。

◎斜日：指傍晚时西斜的太阳。　◎苇汀：芦苇丛。

◎飏 [yáng]：是“扬”的古字。《说文解字》：风所飞扬也。　◎苔：青苔。

古文今译

两年来我一直在尚书省，像尘土一样地充数。今天，我这个没多大才能的人，终于能够辞官回乡了。要启程回家之前，没想到皇子会出来相送，还带着皇帝亲笔写的书信来。

皇上和皇子的看重，让我不知道该如何回报。越过了山水，还是想不到报答的方法。在落日余晖里，看着芦苇丛边一片苍茫，水平面随风飞扬，荡起的一圈圈涟漪，就像青苔一样翠绿，我感恩之情也深埋在心头。

礼仪故事

结草报恩

《左传·宣公十五年》记载，公元前594年七月，秦桓公出兵伐晋。晋军和秦军在晋地辅氏（今陕西大荔县）交战。晋将魏颗与秦将杜回相遇，二人厮杀在一起。正在难分难解之际，魏颗突然见一位老人用草编的绳子套住杜回的脚，使这位堂堂的秦国大力士站立不稳，摔倒在地，当场被俘。于是，魏颗率领的晋军大败秦军。

当天夜里，魏颗在梦中见到那位救了自己的老人。老人说："我就是你曾救过的那个女子的父亲。我这样做是为了报答你的大恩大德！"

原来晋国大夫魏武子有位爱妾。魏武子刚生病的时候嘱咐儿子魏颗说："我死之后，你一定要把她嫁出去。"不久魏武子病重，又对魏颗说："我死之后，一定要让她为我殉葬。"

等到魏武子死后，魏颗没有把父亲的那位爱妾杀死陪葬，而是把她嫁给了别人。魏颗说："人在病重的时候，神智是糊涂的。我嫁此女，是依据父亲神志清醒时的吩咐。"

有一句话说得好，"知恩不报非君子"。那个女子的父亲虽然很老了，但是他依旧是个顶天立地的君子。

实践应用

在我们的人生中，也会获得别人给予我们的许多恩情。这些恩情有同学的关心、父母的疼爱、老师的关怀……让万慧印象最为深刻的，是同学佐伊对她的帮助。

上初一时，万慧和佐伊是同一天报名入学的。她们排队登记名字时一前一后，所以很快就互相熟悉了。但是，她们被分在了不同的班。之后她们两个再无交集，只是偶尔在走廊上遇见时打个招呼。

一天，万慧值日的时候，不小心把校服前面剐破了一个大口子。时正值夏日，大家穿的都是短袖校服。万慧很是着急，只好用一只手攥住衣服的口子。

这时，佐伊从走廊经过，看见了万慧的窘况，就回到教室，拿来自己的胸针给万慧别住衣服的口子。这样就避免走光了。

但是，那么大的口子，即使补好了，也有很明显的痕迹。第二天，万慧穿着补好的校服来到了学校，同学们虽然不会嘲笑她，但是看见她校服上的补丁都会多看几眼。

万慧还佐伊胸针的时候，佐伊也看见了校服上的补痕。她对万慧说："今天放学后，你去我家一趟吧。开学时老师发校服，第一套太短了，所以我重新买了一套。那一套短的，我穿过几次，但你应该可以穿得下。回到我家拿给你吧。"

万慧感激万分，现在要买校服，也买不到了。但是穿着这个有补丁的衣服在校园里穿梭，也不太美观。所以万

慧跟佐伊说：“那我买你的校服吧。”

佐伊说：“送给你了，放着我也穿不了。你穿的话刚好物尽其用。”

万慧没想到，在困难的时候，是平时没有太多联系的佐伊帮了她。万慧心里由衷地感谢佐伊。

万慧是一个知恩图报的人。通过聊天，她知道再过三个星期就是佐伊的生日了。于是她就给佐伊画了一张肖像，在生日时送给她。

佐伊收到画后非常高兴。因为画中的女孩是短发。佐伊一直想拥有一头短发。可是，她妈妈一直不让剪，所以，画中的肖像满足了佐伊拥有一头短发的愿望。

同学有困难时，佐伊能够慷慨相助。万慧在接受了别人的帮助后，能够知恩图报，即使只是送了一幅画。但是，千里送鹅毛，礼轻情意重。帮助和感恩他人，不是看付出的多少，礼物的价值有多贵重，帮助和感恩他人的心意才是最贵重的。

经典原文

端午日赐衣

唐　杜甫

宫衣亦有名，端午被恩荣。

细葛含风软，香罗叠雪轻。

自天题处湿，当暑著来清。

意内称长短，终身荷圣情。

重点注释

◎宫衣：指官服。757 年五月，杜甫官拜左拾遗，这首诗应该是那时候写的。　◎被恩荣：指得到赏识而觉得荣幸。

◎葛：是一种植物，可用来织布。细葛，指用最细最好的葛丝做的布。　◎含风软：指葛布像风那么柔软。

◎罗：一种有孔的丝织品。

◎叠雪轻：像雪花叠在一起那么轻。

◎题：指衣服的领子部分。　◎湿：此处指的不是湿润，而是柔软的料子贴在颈上，凉凉的很舒服。

◎当暑：指在天气热的时候。　◎著：穿着。

◎清：凉爽。　◎意内：心里。

◎称长短：指计算了一下衣服的大小。

◎荷：充满。　◎圣情：指圣上的恩情。

古文今译

端午佳节，皇上赐了我名贵的宫衣。宫衣是细葛纺成的，柔软得风一吹就飘起来了，洁白的衣服宛如新下的雪一样轻盈，没有一丝污染，还带着一股淡淡的清香。

衣领部分用的是更柔软的冰凉面料，天气热的时候，穿起来一定会无比凉爽。我心里悄悄地计算了一下衣服的大小，发现竟然刚刚好，这衣服真是全身都充满了圣上的恩情啊。

礼仪故事

义犬救主

三国时期，襄阳人李信纯养了一只名叫黑龙的大狗。黑龙平时与李信纯形影不离。一天，李信纯带着黑龙进城。因为喝醉酒了，在回家的路上，他倒在城外草地上就睡着了。

这个时候，襄阳太守郑瑕在不远处打猎。由于杂草丛生，难以看清猎物，郑瑕命人点燃火把，烧掉杂草。火随风势，蔓延到李信纯的身边，而烂醉如泥的李信纯丝毫不知。

紧急关头，李信纯身旁的黑龙狂叫，想唤醒主人，却没有效果。于是它就咬着李信纯的衣服，想拖他离开。但是，它丝毫拖不动李信纯。它焦急不安，一转身看见不远处有条小溪，便跳入溪中将身体浸湿，然后飞奔回到李信纯身边，抖落皮毛上的水将李信纯的衣服和周围的草弄湿。黑龙往返多次，最后因过度劳累而死，倒在了李信纯身旁。

火没有烧到李信纯。他醒后，看着周围的草全部被烧光，只有自己睡的地方没有被烧掉，便明白了发生的一切。他伤心地扑在死去的黑龙身上痛哭不止。

太守郑瑕听到这件事，感叹道："狗比人更懂得报恩。人要是知恩不报，还不如狗呢。"于是人们择吉日厚葬了义犬黑龙，并在坟前竖了一块写有"义犬冢"的石碑。

实践应用

在义犬救主的故事中，我们看到了一只狗的感恩之心。狗是人类最好的朋友，狗在我们有危险的时候，义无反顾地保护我们，从古至今都是这样。狗的感恩之心，值得我

们学习。

晓玲在看过义犬救主的故事后，懂得了“人要常怀感恩之心”的道理。

晓玲是五年级的学生。父母都出去打工了，她跟爷爷奶奶一起生活。他们刚搬进县城时，爷爷奶奶有很多电器不会用。有一次，奶奶用电磁炉热饭菜，但电磁炉的插头和插座却直接燃烧起来。奶奶和爷爷都吓坏了，晓玲也吓了一跳。

晓玲想到了老师讲过的应急知识，于是立马叫人。她记得，张老师家访时说过他就住在楼下。于是晓玲跑到楼下敲门，开门的正好是张老师。“张老师，我家起火了，麻烦你帮帮我们。”

张老师听了，立马跑上楼。他一进门看见情况不妙，立马关了总电闸，切断了所有电源。断电之后，张老师将线用力一扯，就把电磁炉的插头给扯出来了。

扯出的插头还在着火。他立马拿到阳台上去，然后用毛巾沾满水把它给按灭了。

电路起火的事情处理好了，爷爷奶奶却再也不敢用电了。张老师考虑到老人原本就不太会用电器，记性也不太好，没有掌握用电常识，于是，便说去给他们搬煤气罐来。

老人家在农村时就用过煤气，而且煤气操作相对要简单一些，所以欣然同意。电磁炉坏了，晓玲家没有办法做午饭了。于是，张老师邀请他们去他家吃饭。饭后，张老师立马到煤气厂，给他们拖了一罐煤气回来。张老师告诉他们，如果煤气没有了，可以叫他帮忙换煤气。

一天，语文老师在课堂上讲了义犬救主的故事。晓玲想：张老师帮我们灭了电磁炉的火，而且给我们换了煤气罐，还请我们吃饭。狗都知道报答主人的恩情，何况，我还是个有文化的小学生呢。

回到家，晓玲就跟奶奶和爷爷说，她想好好地感谢给他们很大帮助的张老师。奶奶说：“好孩子，这是应该的。但是，我们该怎么感谢张老师呢？”

晓玲和爷爷奶奶想了很久，决定请张老师到家里面来吃饭。因为如果送东西，张老师一定不会收。但请老师到家吃饭，既能够表达谢意，也不会让张老师觉得为难。

星期五上课前，晓玲敲开了张老师家的门，请张老师和师母一起在星期六晚上到家里吃饭。张老师连说不去，邻居之间帮忙都是举手之劳。后来，爷爷奶奶也出门邀请，他盛情难却，于是就答应了。

星期六一早，晓玲就和奶奶去菜市场，买了新鲜的蔬菜。下午，一家人精心地准备了晚餐，还布置了一下餐桌。张老师看到之后，深受感动，连连说晓玲是个懂事的孩子。

晓玲看到张老师和爷爷奶奶快乐的笑脸，心里面也乐开了花。

经典原文

感兴

唐　崔膺

富贵难义合，困穷易感恩。

古来忠烈士，多出贫贱门。

世上桃李树，但结繁华子。

重点注释

◎崔膺：唐代诗人，性格狂放，长于诗文。

◎义：公平正义。　◎困穷：指艰难窘迫。

◎忠烈：忠义壮烈，指为正义而壮烈牺牲者。

◎贫贱：穷困又没有社会地位。　◎繁：多，兴盛。

◎华：美丽而有光彩的。

古文今译

富贵的时候，人们很难因为义气而走在一起。穷困的时候，人们更加容易知道感恩。自古以来，很多忠烈之士，大多都出自比较贫困的家庭，就像这世界上李树和桃树一样，平平无奇，但结出来的果子味道好吃，数量也多。

礼仪故事

衔环报恩

东汉名臣杨震的父亲杨宝九岁的时候，在华阴山的北边，看见一只小黄雀被老鹰抓伤，坠落在树下。树下又有许多蚂蚁围着小黄雀。小黄雀摔伤了无法移动。如果它不离开蚂蚁群，必然会被蚂蚁围困而死。

杨宝觉得受伤的小黄雀可怜，就将它带回家，放在箱子中，耐心地喂养它。小黄雀除了黄花之外，不吃任何东西，杨宝就每天找黄花喂它。一百天之后，小黄雀不仅伤好了，还长出了漂亮的羽毛。不久，它的羽毛丰满了，就振翅飞走了。

当天晚上，有一个黄衣童子来向杨宝拜谢，说："我是西王母的使者。你的仁爱善良，救了我。我实在感激不尽。"然后他拿出了四个漂亮的白环，送给了杨宝。黄衣童子说："它可以保佑你的子孙位列三公，为政清廉，处世行事像这玉环一样洁白无瑕。"

后来，他们家真的如黄衣童子所讲的那样，杨宝的儿子杨震、孙子杨秉、曾孙杨赐、玄孙杨彪四代人，都当了大官，官职都升到了太尉。而且，他们个个都刚正不阿，为政清廉。他们的美德为后人所传颂。

杨宝因为心地善良，救了弱小无助的小黄雀，却得到了意想不到的回报。小黄雀知恩图报，他们都有高尚的品德。所以这段故事能够成为美谈，流传至今。

实践应用

锦上添花易，雪中送炭难。所以雪中送炭的帮助总是让人感觉到真挚和暖意。

那是一个令人窒息的日子，平静的空气又多添了许多凝重。刘广广的父亲遭遇了一场车祸。这突如其来的事故使得他原本就不富裕的家庭生活更加艰难，更可恨的是肇事人逃了。这时候，医院发出了刘广广父亲病危的通知书。

这对刘广广的家庭来说简直就是晴天霹雳。父亲和母亲都是普通工人，还要供刘广广读书，没有太多的存款。家里根本无力支付这笔高昂的医疗费用。

就在这时，王阿姨来探视邻床的病人。王阿姨得知刘广广家的不幸遭遇后，义愤填膺。她告诉刘广广和他妈妈：“中国是爱心的世界和法制的天下，你们放心，我会帮你们讨回公道的。”她随即掏出了身上仅有的两千元钱让他们先救急。刘广广和妈妈非常感激，眼泪止不住地流了出来，紧紧地拉住了王阿姨的手。

王阿姨办事真不含糊，很快就帮刘广广家联系了律师，帮他们打赢了这场官司，并替他们垫支了全部医药费一万元。那个肇事司机终于在法律面前低头认罪了，并且支付给刘广广两万多元的赔偿金。刘广广的妈妈费了好大的周折，才找到了王阿姨。当刘广广妈妈还钱给王阿姨时，王

阿姨却委婉地说："这钱你留着救急用吧。病人的身体刚恢复，好好调养一段时间再说。"

好心的王阿姨感动了刘广广全家。他们决定好好生活，好好工作，好好学习，来报答王阿姨。刘广广的家庭状况一天天地好转起来。刘广广的父母决定去拜访王阿姨，并且把钱还给她。这时，他们得知了一个惊人的消息：王阿姨的儿子身患白血病，需要移植骨髓。她正在变卖房产为儿子治病。刘广广对妈妈说："妈妈，我们应该报答王阿姨，要不看看我的骨髓与她儿子匹配不？"

妈妈立马给王阿姨打了电话，王阿姨知道后连连感谢。

遗憾的是，刘广广的血型与王阿姨的儿子并不相符。但刘广广的爸爸找到了当地媒体，把王阿姨帮助自己以及她儿子需要寻移植骨髓的事情，告知记者，希望能够向社会寻求帮助，救救好心人王阿姨的儿子。媒体刊载后，引起了许多人的关注。大家纷纷想办法，帮助王阿姨的儿子寻找匹配的骨髓。在大家的帮助下，终于找到了与王阿姨儿子相符的骨髓。王阿姨儿子顺利地接受了手术，很快就康复出院了。

人与人之间是需要关爱和帮助的。只要你对别人好，别人也会感恩，给予回报。只有彼此关爱，大家才能够共渡难关，才能够拥有更加美好的生活。

第五章 宽容

经典原文

投赠张端公

唐 孟郊

君子量不极，胸吞百川流。嫉邪霜气直，问俗春辞柔。
日户昼辉静，月杯夜景幽。咏倧芙蓉发，笑激风飚秋。
鸾步独无侣，鹤音仍寡俦。幸沾分寸顾，散此千万忧。

重点注释

◎量：气量。 ◎不极：没有极限。 ◎吞：容纳。
◎霜气：刺骨的寒霜之气。引申比喻为刚正威严之气。
◎问俗：访问风俗。引申为对待百姓。 ◎发：生长。
◎鸾［luán］步：古代对贵者脚步的美称。
◎鹤音：指鹤的鸣叫声。

◎寡俦［guǎ chóu］：缺少同伴。

◎顾：回头看，泛指看，注意。

◎散：分散，化解。

古文今译

君子的气量没有极限，气量宏大能胸纳百川。张端公为人疾恶如仇，刚正威严正直，对待百姓仁慈宽和。白天屋里光亮又安静，月夜举杯品味幽景。文章一出惊艳好比芙蓉盛开，笑声爽朗好比旷野秋风。凤凰还没侣伴，仙鹤依然独鸣。幸运的是您注意到了我，化解了我的万千忧愁。

礼仪故事

宰相肚里能撑船

三国时，蜀国丞相诸葛亮去世后，由蒋琬担任丞相，主持朝政。他有个属下叫杨戏，性格孤僻，讷于言语。蒋琬与他说话，只应不答。他从不主动与蒋琬说话。

有人对此看不惯，在蒋琬面前抱怨道："杨戏对您如此怠慢，太不像话了！"蒋琬坦然一笑，说："人嘛，都有各自的脾气秉性。让杨戏当面说赞扬我的话，那不是他的本性。让他当众说我的不是，他会觉得我下不来台。所以，他只好不作声了。其实，这正是他为人的可贵之处。"

蒋琬面对少言寡语的杨戏，能够设身处地、从杨戏的角度出发，不计较他的"不敬"。后来，就有人赞扬蒋琬"宰相肚里能撑船"。

蒋琬的故事一直流传至今。现在，人们都用“宰相肚里能撑船”来比喻一个人拥有宽广的胸襟，为人宽容。

宽容是一种智慧。因为蒋琬的宽容，他身边才有如此多的良将和能臣，使得蜀国保持稳定发展的局面。

实践应用

宽容能够让蒋琬得到更多的人才来治理蜀国，同样，宽容也能够让我们拥有更多的朋友。因为宽容的美德，能够让你获得更多人的尊重和钦佩。

林浩刚升入初中时，个子不高，身材很瘦。同龄人都比他长得高，比他长得壮。因此有些高个儿同学瞧不起他，不愿意和他玩。但是他从来不生气。别人不愿意和他玩，他就在旁边看别人玩。像足球这类集体运动，如果他加入，多数同学都不愿意把球传给他，他只能在场上空跑。但是，很少有人愿意当守门员，因此林浩就主动申请当守门员。当他提出这个想法时，同学们都嘲笑他：“你这么瘦小，足球过来就把你撞飞了。”

为了能够当好守门员，林浩在家里和弟弟不断地练习。

后来同学发现林浩守球门守得很好，于是只要一踢球，就有人来拉他当守门员。虽然他当了守门员，但是，踢完球去洗澡时，他常常被挤到最后。即使这样，他从不与人发生冲突。初一下学期，班长转学走了。班主任让同学们推选一个新的班长。谁知大家一致推选林浩。林浩受宠若惊。老师问大家：“为什么推荐林浩呢？”

“他脾气好，不会生气。”“他能够包容我，也能够包容其他同学。”“他对所有同学都很好！”大家七嘴八舌，争相

夸奖林浩。于是，林浩当上了班长。

虽然同学们一致赞扬林浩，但他还是有一种不真实的感觉。于是，他问经常一起踢球的吴周为什么推荐他。

吴周说:“浩子，当初虽然我也不爱和你玩，觉得你长得矮小，但是相处久了之后，觉得你身材虽小，但是有大将军的度量。你用宽容赢得了我们的尊重。你有没有发现，我们踢球一定不会落下你。洗澡时，虽然你最后一个洗，但是大家都洗得很快，以便让你早点儿洗，而且，大家也是等你洗好后才一起离开。”

林浩说:“我知道的。”

“你对大家的宽容，我们都深刻地感受到了，所以大家都喜欢你!”

林浩用他的宽容，获得了大家的喜欢，也得到了许多好朋友。

经典原文

六尺巷

清　张英

千里家书为道墙，让他三尺又何妨。

万里长城今犹在，不见当年秦始皇。

重点注释

◎张英：字敦复，又字梦敦，号乐圃，又号倦圃翁，安徽桐城县人。清朝大臣，名相张廷玉之父。

◎秦始皇：嬴政，中国第一个皇帝。

古文今译

千里迢迢写这封信，只是为了一道墙，你让他三尺，又能怎么样呢？当年秦始皇修建万里长城的时候，多么的意气风发呀，现在万里长城还在，却再也看不见当年的秦始皇了。物是人非，凡事不要太计较了。

礼仪故事

三尺巷的故事

清朝康熙年间，宰相张英一家世代居住在桐城，他的府第与吴宅为邻。有一年，吴家建房子时占据了张家的空地。张家要求退还空地。于是，双方发生了纠纷。两家互

不相让，告到了县衙门。因为张吴两家都是名门望族，县官左右为难，迟迟不能判决。

张家人见有理难争，就写信向宰相张英告知此事，想让他给家中撑腰。张英看完家书后，并不赞成家人为争夺住宅用地而惊动官府的行为，于是便提笔在家书上批诗四句："千里家书为道墙，让他三尺又何妨。万里长城今犹在，不见当年秦始皇。"

寥寥数语，寓意深长。张家接到书信后，深感愧疚，便毫不迟疑地让出了三尺地基。吴家见状，觉得张家有权有势，却不仗势欺人，被张家的大度所感动，于是也效仿张家向后退让了三尺地基，便形成了一条六尺宽的巷道，被乡里人称为"六尺巷"。

这首诗的后两句是为了说明邻里关系远比一道隔绝人们关系的砖墙重要，宝贵的生命和时间远比无价值的喟叹和纷争重要，即使今日争得了这三尺空地又如何呢？秦始皇当年修筑万里长城时，何等的意气风发。你们修墙比得上修长城吗？长城今天还在，但秦始皇还不是一样消失在了历史长河中？

退一步海阔天空。人一生的时间是有限的。与我们的生命相比，那些小小的矛盾和坎坷又算得了什么？对于永恒的时间来说，这些是多么的脆弱和不堪一击！我们何必把宝贵的生命，消耗在那些毫无价值的喟叹和纷争上呢？

实践应用

时间验证真理，在今天六尺巷一带，当年的宰相府第，已荡然不见痕迹，唯有六尺巷的故事，仍在这块土地上流传。六尺巷象征着一种气度和胸襟，给今人以启迪。就像张张的爷爷给张张的启迪一样。

张张的爷爷已经去世三年了，张张也从一个小学生变成了初中生。但是张张永远忘不了爷爷带给他的启迪。

张张的爷爷是一所农村小学的老师。小学时张张就在爷爷执教的学校念书。夏天的黑夜总是要来得晚一些，7点过后太阳才落山。张张与爷爷总是要到晚上八九点钟才走着回家。

一天晚上8点半，张张和爷爷从老榕树下站起来，准备往家里面走。

他们经过教师办公室的时候，看见一个鬼鬼祟祟的瘦小身影站在窗户前。办公室没有防盗窗。那个人往周围看了一眼，马上推开窗子，翻进了办公室。过了一会儿，那

个人拿了一本书出来。

虽然是夜里，但是夏日的月亮皎洁无比，银光洒满大地。他们又隔得不远，清楚地看到那本书正是爷爷新买的《新华字典》。

张张正准备大喊抓贼，被爷爷捂住了嘴巴。爷爷小声告诉他，不要说话。爷爷显然已经认出了偷书贼是隔壁村的吴青峰，但没有揭穿他。

吴青峰走后，张张问爷爷："为什么不揭穿他？抓住那偷书的小偷。"

爷爷说："张张你还小，不会明白吴青峰的境况。如果我们出声，可能会毁了他一生啊。他或许只是想借书，却不好意思向我开口罢了。青峰这孩子品行不错，我们就原谅他这一次。相信他不会再做出这样的事情了。"

吴青峰家境不好。爸爸瘫痪在床，妈妈出去打工就再也没回来。只有他爷爷奶奶在家务农。爷爷奶奶能让他读书已经是万幸，肯定没有钱给他买学习资料和参考书。

张张听了沉默不语。半个月后的晚上，他们看见吴青峰把那本《新华字典》偷偷地放了回去。

第二天爷爷打开字典，看见有的地方沾了油，有的地方皱了。由此可见，这是时常翻阅的。他在吃饭的时候都在看着字典。就像爷爷说的，吴青峰的"偷"，其实是变相的借。他是在迫不得已的情况下，才做出这样的选择。他有些自卑，怕爷爷不肯借给他，于是出此下策。

爷爷处理这件事的方法教会了张张要宽容别人，遇到事情，先站在别人的角度想一想。虽然爷爷不在了，但是这件事给张张留下了深刻的印象。每当他回到乡村小学时，就会想起爷爷教给他的道理。

宽容别人，不仅仅是说说而已，而是从内心出发，站在别人的角度思考问题，相信人性本善，相信人间有爱。

经典原文

山中

宋　方岳

暄风已惬绿阴凉，小簟初横六尺床。

如宇宙宽容膝地，与尘埃隔及肩墙。

乌乌声乐樱桃熟，田舍人忙麦饭香。

留得壁间双不借，尚堪锄水共移秧。

重点注释

◎方岳：南宋诗人、词人。字巨山，又字元善，号秋崖，又号菊田。徽州祁门（今属安徽）人。绍定五年（1232 年）进士。　◎暄风：暖风、春风。　◎惬：指的是快意，满足。

◎小簟：凉席，竹席。　◎肩墙：仅能及肩的矮墙。

◎乌乌：指乌鸦。　◎声乐：指歌唱。

◎壁间：把房间隔开的简易墙壁。

◎双不借：草鞋、麻鞋价廉，不借人也不向人借。

古文今译

暖风吹着，很是惬意。树木变得茂盛起来。在树荫下铺开一张凉席。六尺宽的凉席就像宇宙那样宽阔，屈膝坐在上面，及肩的矮墙隔开了外面尘世的喧嚣。樱桃熟了，乌鸦在快乐地歌唱。农民在田野里忙碌着，远处飘来麦饭的香味。墙上挂着一双草鞋，还可以去水田除草和移栽秧苗。

礼仪故事

鲍叔荐管仲

春秋时齐国人管仲，长得相貌堂堂。他博古通今，有经邦济世的才能。年轻时，管仲与鲍叔牙一起做生意。赚了钱分账时，管仲总是多拿一些。大家都很生气，鲍叔牙说："管仲不是一个贪小便宜的人。他多拿是因为家里穷。我是心甘情愿地让他多拿的。"

后来，管仲参了军，每次打仗都缩在最后面，撤退时又跑在最前面。别人都骂他是个胆小鬼。鲍叔牙出面制止别人的耻笑，说管仲之所以这样做，是因为家里有老母亲需要照顾。

管仲听了这些话，十分感动，说："生我的是我的父母，而能真正了解我的却是鲍叔牙！"从此，他们俩结成了生死之交。

齐襄公有两个儿子。大儿子叫纠，母亲是鲁国人。小儿子叫小白，母亲是莒国人。管仲对鲍叔牙说："齐襄公死后，继承王位的不是纠就是小白。我们俩现在分别去给纠和小白做老师，到时不管他俩谁做国君，咱们俩都相互推荐。"

鲍叔牙觉得这个主意不错。于是，管仲就做了公子纠的老师，鲍叔牙做了公子小白的老师。

齐襄公是个昏君，后来被大臣杀了。当时公子纠在鲁国，公子小白在莒国，大臣们决定迎接公子纠回国当国君。

齐襄公死后，鲁国派人送公子纠回国，莒国派人送公子小白回国。管仲怕小白先回国，就追上公子小白，射了他一箭。公子小白假装中箭，骗过了管仲，然后与鲍叔牙快马加鞭，先回到齐国，当了国君，即齐桓公。

鲁庄公听说公子小白当了国君，十分生气，就派兵攻打齐国，结果大败而还。在齐国的军事压力下，鲁国杀了公子纠，把管仲送回齐国。

齐桓公执政后，任命鲍叔牙为相国。鲍叔牙心胸宽广，有知人之明，坚持把管仲推荐给桓公。他说：“只有管仲能担任相国要职。我有五个方面比不上管仲：宽惠安民，让百姓听从君命，我不如他；治理国家，能确保国家的根本权益，我不如他；讲究忠信，团结百姓，我赶不上他；制作礼仪，使四方百姓都来遵守，我不如他；指挥战争，使百姓更加勇敢，我不如他。”

齐桓公也是一个宽容大度的人，不记恨管仲的一箭之仇，采纳了鲍叔牙的建议，说：“好，我先见见他，看看他有什么能耐。”

齐桓公选了个良辰吉日，亲自把管仲接到宫里。管仲向齐桓公介绍了自己的治国政策。管仲讲得头头是道，齐桓公听得津津有味，两人连续谈了三天三夜。齐桓公十分高兴，就把国家的大小事情全都交给管仲去处理，称他为“仲文”。

管仲担任相国后，协助齐桓公在经济、内政、军事方面进行改革。数年后，齐国转弱为强，成为春秋前期中原经济最发达的强国。齐桓公也因此成就了“九合诸侯，一匡天下”的霸业。

鲍叔牙的宽容和对管仲的推崇，最终让齐国强大，也让“管鲍之交”成为代代流传的佳话。

实践应用

宽容是一种强大的力量。它能化害为利，化敌为友。

在生活中，宽容其实处处可见，只要你留心观察就能发现。宽容也许只是一个微笑，也许只是一句“对不起”“没关系”……我们多给别人一点儿宽容，就能够大事化小，小事化了，减少许多纷争和矛盾。

有一次，小林在路边就目睹了一场“大事化小，小事化了”的事情。

那一天，天上下着小雨，老城区的路上变得滑滑的。小林小心翼翼地走着去上学。在拐弯的时候，小林听见“嘭”的一声——一辆女士电瓶车和一辆自行车撞在一起。

一位哥哥和一位姐姐都摔倒在地上。一个保温瓶里的汤飞溅到了那位哥哥的白衬衫上。幸好，他们只是受了点儿小伤，手擦破了点儿皮。

过路的人都停了下来。大家都以为两个撞车的人会因此争吵。让人意想不到的是，两个人站起来，相互道歉，并且都是轻言细语的。

那位姐姐先问那位哥哥有没有受伤。那位哥哥回答：“没有。”那位姐姐又说：“对不起，我的汤汁溅到了你的衬衫上。我给你送去干洗，或者付你干洗费。”

那位哥哥连忙说：“没关系，我也有错。我的衬衫免费喝了你的汤，都没付钱，哪能要你的干洗费。”这句话让全场的人都笑了起来。然后，全场的人也散了。

这场原以为会爆发激烈冲突的撞车事故，在他们的互相宽容中，就这样风轻云淡地大事化小，小事化了了。

看着他们离开的背影，小林懂得了：生活那么美好，我们没有必要把精力和时间浪费在无聊的斤斤计较上。多一点宽容，就少一份纷争；多一点宽容，就少一分痛苦；多一点宽容，就多一分理解；多一点宽容，就多一份美好。

经典原文

当欲游南山行

三国　曹植

东海广且深，由卑下百川。五岳虽高大，不逆垢与尘。

良木不十围，洪条无所因。长者能博爱，天下寄其身。
大匠无弃材，船车用不均。锥刀各异能，何所独却前。
嘉善而矜愚，大圣亦同然。仁者各寿考，四坐咸万年。

重点注释

◎曹植，字子建，沛国谯（今安徽省亳州市）人。三国曹魏著名文学家，建安文学代表人物。魏武帝曹操之子，魏文帝曹丕之弟，生前曾为陈王，谥号“思”，又称陈思王。后人因他文学上的造诣而将他与曹操、曹丕合称为“三曹”。有《曹子建集》。

◎逆：抵触，拒绝。

◎十围：相当于1米多，形容树木粗大。

◎洪条：大树枝。　◎因：依靠。

◎长者：指身居高位的人。

◎寄：依附。　◎锥［zhuī］刀：小刀。

◎嘉善：善良，美好。　◎寿考：年高，长寿。

◎四坐：指四周座位上的人。　◎咸：全，都。

古文今译

东海浩瀚无边又深不可测，是因为它能宽容地接受千百条河流。五岳名山，每座山都高大巍峨，是因为它们不拒绝微尘细末。好的树木不长到十围粗细，树上的大枝杈便无所依赖。身居高位的人要能够宽容博爱，天下才会有人依附。出色的木工不会浪费材料，用长短木块都能制成船和车。锥子和刀子用处各异，谁也难独撑全部角色。

鼓励良善，限制愚蠢，有大德的圣人全这样做。仁慈的人都会寿延命长，在座的各位都会活上一万年。

礼仪故事

郑板桥与小偷

“扬州八怪”之一的郑板桥是著名文学家、书画家。他当潍县县令时因擅自开仓赈济灾民而被罢官。但他身心释然，悠悠然来到扬州定居。

一夜，天色阴沉，下起了毛毛细雨。劳作了一天的人们早已进入了梦乡，郑板桥却辗转难眠。忽听房门响动，只见一个小偷闪进屋内。郑板桥心神有些慌乱，想呼救。但是他转念一想，万一小偷恼羞成怒，伤害自己怎么办？还是用宽容平和的方法处理吧。

他眉头一皱，计上心来，便喃喃自语：“细雨濛濛夜沉沉，梁上君子进我门。”

正忙着搜寻财物的小偷一听，心想：坏了，让主人发现了。小偷刚转身要走，又听郑板桥吟道：“腹内诗书存千卷，床头金银无半分。”小偷一听就明白了，这家的主人是一个只会读书的穷书生，自己还是赶快逃走吧。他转身出门时，又听郑板桥提醒道：“出门休惹黄尾犬。”

小偷心想：院内有狗，大门不能走了，还是跳墙跑吧。此时，他又听房内警告道：“越墙莫损兰花盆。”小偷一抬头，发现墙头上果然放着一盆兰花。于是他避开兰花盆，纵身跃上墙头。小偷刚要纵身跳下，又听屋内郑板桥高声吟道：“天寒不及披衣送，趁着月亮赶豪门。”小偷一听，乐了。他心想：这真是位好心肠的诗书君子。

就这样，郑板桥凭着宽容和智慧躲过了一场偷窃。

实践应用

在我们的一生中，总会有很多的疑惑。就像上初一的小琴，一直在思考：宽容是什么？

很多时候，明白一个道理是需要契机的。直到有一天，发生了一件平常的小事，小琴才知道了什么是宽容，并从中学会了宽容。

有一回，小琴在外婆家的阳台上玩，听到楼上传来一阵乒乒乓乓的声音。接着，许多羽毛和灰尘从天而降，还有一些大的木屑。这些东西撒在了外婆家的阳台上。小琴猜想，一定是楼上正在打扫卫生，晒被子。但是看着满地的灰尘、羽毛，小琴心中很是恼火，忍不住厉声责问楼上的人："拍什么拍？没看见楼下有住户吗？"可是楼上的拍打声并没有停止，反而拍得更加猛烈了。小琴心想：楼上的人也太没有素质了！

过了一会儿，楼上的拍打声终于停了。小琴拿起水桶接满了水，想把阳台冲洗一下。可是，她不小心把水洒在了阳台外面。小琴向下一瞧，不好！水正好洒在了楼下晒的被子上。怎么办？

楼下的老奶奶听到了动静，从阳台伸出头向上看，正好和小琴目光相对。小琴心里一惊，怕老奶奶责骂。谁知，老奶奶笑了笑，说："今天天气晴朗，冲地板是个不错的选择。"说完，老奶奶把几条被子搬回屋里。老奶奶又出来对小琴说："小朋友真能干，冲地板，小心滑倒。"

听了老奶奶的话，小琴想起自己刚才对待楼上的方式，顿时羞愧不已。于是，小琴敲开了楼上的门，一个阿姨开了门。小琴低着头对阿姨说：“阿姨，刚刚对不起。今天很适合打扫卫生，也很适合晒被子。”“是呀，好久没有这样的好天气了。小朋友，要进来吃水果吗？”阿姨笑着说。

小琴也看着阿姨笑了。她们双方都知道此时的笑容代表什么，代表原谅，代表释怀，代表宽容。

小琴回到外婆家，可谓收获满满。她学会了原谅别人，宽容别人。她要感谢楼下的老奶奶，教会她什么是宽容。

经典原文

赠三侍御（节选）

唐　常建

高山临大泽，正月芦花干。阳色薰两崖，不改青松寒。

士贤守孤贞，古来皆共难。明君错甚才，台上飞三鸾。

操与霜雪明，量与江海宽。束身视天涯，安能穷波澜。

重点注释

◎侍御：唐制，殿中侍御史和监察御史皆为侍御。

◎常建：唐代诗人，字号不详。籍贯邢州，后游历长安。开元十五年（727 年）与王昌龄同榜进士，曾任盱眙尉，后隐居鄂渚。

◎芦花，中药名。为禾本科植物芦苇的花。秋后采收，晒干。

◎薰：暖和，温和。　◎孤贞：孤傲坚贞。

◎错：置，放在一边。《史记》：“成康之际，天下安宁，错四十余年不用。”

◎甚才：甚大仁之才。　◎三鸾：指三侍御。

◎操：节操，品格。

◎束身：约束自己的行为。

◎安能：用于无奈改变某些事物语气助词。释义为怎么能。安，怎。

◎波澜：比喻世事的起伏变化。

古文今译

巍峨的高山，一般都有激流从脚下经过，正月的时候，芦花就会干枯。太阳照射着河流两边的悬崖，但是悬崖上面青松的颜色一直没有改变。

贤士都是比较孤独和坚贞的，自古以来都可以相互共患难。明智的君主不会把有用之才放在一边，所以三御侍一直跟在皇帝身边。他们的品格与霜雪一样明亮，度量与江海一样宽广。行走天涯时，也要约束自己的行为，要不然怎么没有一点儿变化呢？

礼仪故事

诸葛亮七擒孟获

刘备去世以后，蜀国丞相诸葛亮准备北伐中原。当时蜀国南部（今天云南、贵州交界处），少数民族的大酋长孟获发动叛乱。诸葛亮决定亲自领兵平息叛乱，先解除这后顾之忧。有人建议，派一员大将南下，就足以消灭孟获。丞相就不必深入那“不毛之地”了。但是诸葛亮考虑得更长远。他要对孟获和他的部下恩威并施，以收服人心。

孟获有万夫不当之勇，豪侠仗义，在少数民族中很有威望。诸葛亮命令部下，遇到孟获，千万不要伤害他，要抓活的。

第一次战斗，蜀军在诸葛亮的指挥下逮住了孟获。当士兵押孟获进营时，诸葛亮亲自给他松绑，还叫人摆酒席款待他。

第二天，诸葛亮陪孟获参观蜀军营地，问道："我们的军营怎么样？"孟获不仅不赞扬，反而说："不过如此。以前我不知道你们的虚实，所以战败了。现在我看到了你们的兵力部署，如果放我回去，一定能战胜你们。"

诸葛亮笑着，把孟获放走了。几天后，孟获带兵来战，结果又是战败被俘。孟获还是不服输，诸葛亮又放了他。

孟获的军队和诸葛亮的蜀军一连打了七次，孟获被擒七次。最后一次，孟获又被押解到蜀军营帐。士兵传来诸葛亮的话：丞相不愿意再见孟获，放孟获回去，让他整顿好人马，再来决一胜负。

孟获想了很久，说："七擒七纵，这是自古以来没有过的事情。丞相已经给了我很大的面子。我虽然没有多少知识，但也懂得做人的道理。我怎能不给丞相面子呢！"孟获说完跪在地上，流着眼泪说："丞相，我们再也不反叛了！"

诸葛亮很高兴，赶紧把孟获搀扶起来，设宴招待。此后，孟获死心塌地归顺蜀汉，直到诸葛亮死，他都没有叛变。这在客观上，为蜀汉出兵中原扫清了后顾之忧，也促使了西南少数民族的经济发展。

诸葛亮七擒孟获，把智慧和宽容演绎得淋漓尽致，赢得了蜀国的长治久安。

宽容是一份接纳，海纳百川，不计前嫌，以博大的胸怀包容一切。只有宽容的人才能拥有世界。那些成功人士之所以能够成就大业，原因就在于他们懂得宽容。

实践应用

在我们的生活中，总会遇到一些惹人嫌的事情，就像上个星期龙奕奕遇到的事情一样。

上个星期三，龙奕奕刚从班里走出来，两位来初中部的小学生就撞到了龙奕奕。只听他们破口大骂：“你找打呀！”龙奕奕一听这话，顿时气得满脸通红。心想：明明是你撞到我，态度还如此粗鲁，真是岂有此理。他刚要发火，可是一想：算了吧！别与小学生计较了。

于是他笑着说了声：“对不起！”再看看那个蛮不讲理的小学生此刻也羞得无地自容，转身走了。龙奕奕心中一动，心想：宽容竟会改变人的本性！

当一只脚踏在紫罗兰的花瓣上时，它却将香味儿留在了那只脚上。这就是宽容。

当时，龙奕奕如果恶语相向，小学生就不会意识到错误，只会对他加以报复。而龙奕奕的一句“对不起”却唤醒了小学生心底的良知。所以，当你选择了宽容的时候，你便获得了自由，因为你已经放下包袱。宽容别人，就是解放自己，还心灵一份纯净。

经典原文

七律·和柳亚子先生

现代 毛泽东

饮茶粤海未能忘，索句渝州叶正黄。
三十一年还旧国，落花时节读华章。
牢骚太盛防肠断，风物长宜放眼量。
莫道昆明池水浅，观鱼胜过富春江。

重点注释

◎毛泽东：字润之，湖南湘潭人。中国人民的领袖，伟大的无产阶级革命家，中国共产党、中国人民解放军和中华人民共和国的主要缔造者和领导人。

◎饮茶粤海：指柳亚子和毛泽东于 1925 年至 1926 年间在广州的交往。 ◎粤海：广州。

◎索句渝州：指 1945 年在重庆柳亚子索讨诗作，毛泽东书《沁园春·雪》以赠。渝州：重庆。 ◎叶正黄：秋天。

◎牢骚：1949 年 3 月 28 日夜柳亚子作《感事呈毛主席一首》，也就是诗中的“华章”，称要回家乡分湖隐居。

◎长：通“常”。 ◎放眼：放宽眼界。

◎昆明池：指北京颐和园昆明湖。

◎富春江：东汉初年，严光不愿出来做官，隐居在浙江富春江边钓鱼。

古文今译

我们初识在广州品茗畅谈的情景，我至今不能忘怀。在重庆再次见面，您向我索要诗句时，正是草木枯黄的秋天。我历经三十一年的风雨战斗，又回到这旧都，在这落花缤纷的暮春时节，有幸读到了您华美的诗篇。

你遇到一些不顺心的事，牢骚太多了，要提防有碍身心健康，对一切风光景物要放宽眼界去衡量，宽容对待。不要说北京颐和园里面的昆明湖水太浅，在这里观赏游鱼，要远胜于在富春江边钓鱼呢！

礼仪故事

汉武帝胸怀大度

汉武帝刘彻，是个胸怀大度、思贤如渴的皇帝。他刚一即位，就发出了一个很不平常的求贤诏书——不管一个人出身贵贱，只要有特殊才能，就可封为将相。他说到做到，破格录用了许多下层出身的人才。

有一次，17岁的汉武帝带着随从微服出访，来到柏谷。晚上，他们住进一家客店。店主人见他们年纪轻轻，行动诡秘，以为是一伙盗贼。汉武帝口渴了，想讨点儿水喝。店主人脑袋一扬，没好气地说："我这里没有水！"说完，店主人就偷偷溜出店门，打算召集附近的老百姓袭击这伙可疑的旅客。

店主人的妻子是个精明女子。她猜出了丈夫的心计，连忙跟了出来，好言相劝："我看他们不像盗贼，那领头的倒像个贵公子。你千万不能轻举妄动，错伤好人。"店主人有些犹豫，妻子乘机把他拉回屋里，花言巧语地劝他喝起酒来。不大一会儿，店主人就被灌了个烂醉。于是，女主人又是杀鸡，又是宰羊，摆下酒席盛情款待汉武帝等客人。

第二天一早，汉武帝知道了事情的经过。回宫之后，他立即召见店主人夫妻俩，先赐给女主人一千两金子，接着又把目光投向男主人。顿时，大殿里的气氛紧张起来。人们以为男主人一定会受到惩罚。谁知，汉武帝不但没有降罪，反而称赞他疾恶如仇，是个壮士，并当场拜他为羽林郎。

这件事传出之后，有更多的人才愿意为汉武帝效劳了。大家都说，面对差点儿杀了自己的人，汉武帝都能够宽宏大量地饶恕他，并且能够看到他的优点，授予他官职。这样的皇帝，谁不愿意跟随呢？

实践应用

汉武帝在微服私访时，体现了他宽容的一面。杨州和妈妈在吃饭的时候，妈妈也教会了他什么是宽容。

杨州期末考试考了第二名，比上次进步了三个名次。妈妈决定，奖励他吃一顿大餐。杨州选了一家距离家 1 个小时车程的酸汤鱼馆。餐馆里人满为患，他们等了近 30 分钟，才有人离开。

正当他们要在餐桌前坐下时，却有人抢先占了他们的座位。杨州妈妈很是强硬地对他们说：“我们排在前面，这应该是我们的座位。”

那个人却蛮不讲理地说：“我先坐在这里的，就应该是我的。”

妈妈说：“凡事要讲先来后到。如果没有排队，你占了座位也不是你的。我们排了队，你是在后面。你这是插队，

扰乱秩序。请归还我们的座位!”妈妈的义正词严惹得很多人为此打抱不平。那个人只好不情愿地离开了。

但没想到这顿饭吃得很不顺利。服务员给他们上错了菜。杨州点的清炒白菜，服务员写成了炝炒白菜。炝炒白菜放了很多辣椒，而杨州一点儿辣都不能吃。

于是杨州按了服务铃，妈妈问他做什么。他说要捍卫自己的权益，就像刚才妈妈坚决不让座位一样。

妈妈对他说:“孩子，其实我提倡凡事都要宽容一点儿。刚才不让座位，是因为我们排队了。按规则，座位是我们的。有规则就要遵守。妈妈据理力争，是因为抢占座位的人不遵守规则。你如果让他一次，那么他下一次还会抢别人的。我们不仅是维护自己的权益，也是在帮助别人。但是，服务员上错菜，是属于疏忽，并不是他的本意。你看客人这么多，服务员这么忙，犯一点儿错误在所难免，而且这个菜只是辣一点儿，在水里涮一下，就可以吃。对不对?”

听了妈妈的一番话，杨州为自己的不宽容羞愧地低下了头。从吃饭这件事，他知道了什么事情该宽容，什么事情该坚持。后来，在餐馆吃饭，服务员上菜迟一点儿，或者上错了菜，他都会想起妈妈的话，待人以宽容，不责怪别人。在需要维护规则和自己的利益时，他也能够勇敢发声，寸步不让。

宽容并不是一味地原谅和退让，而是分清事情对错，有选择地宽容。只有不计较小事，而且捍卫规则，这才是真正的宽容。

第六章 孝亲

经典原文

游子吟

唐　孟郊

慈母手中线，游子身上衣。
临行密密缝，意恐迟迟归。
谁言寸草心，报得三春晖。

重点注释

◎游子：古代称远游旅居的人。吟：诗体名称。

◎临：将要。　◎意恐：担心。

◎归：回来，回家。　◎谁言：一作“难将”。言：说。

◎寸草：小草。这里比喻子女。

◎心：双关，既指草木的茎干，也指子女的心意。

◎报得：报答。

◎三春晖：春天灿烂的阳光，指慈母之恩。三春：旧称农历正月为孟春，二月为仲春，三月为季春，合称三春。

◎晖：阳光。形容母爱如春天温暖、和煦的阳光照耀着子女。

古文今译

慈祥的母亲手里拿着针线，为即将远游的孩子赶制新衣。一针一针缝得特别密，就是为了让衣服紧实一些，因为怕儿子回来得晚衣服破损。母亲为我们付出了那么多，谁说像小草那样微弱的孝心，能报答得了像春晖普泽的慈母恩情呢？

礼仪故事

子路负米

子路是春秋末期的鲁国人，在孔子著名的七十二弟子中以勇敢闻名。但子路小的时候，家境贫寒，长年靠吃粗粮野菜度日。

有一年，他父母生病了，家里没有米。为了让父母吃到米，他走到百里之外才能买到米。走一百多里去买米，一两次也许谁都可以做到。可是一年四季经常如此，就极其不易。然而为了能让父母吃到米，不论寒风烈日，子路都不辞辛劳地跑到百里之外买米。

冬天，冰天雪地，天气非常寒冷。子路顶着鹅毛大雪，踏着河面上的冰，一步一滑地往前走，脚被冻僵了。他抱着米袋的双手冻僵了，便停下来，放在嘴边哈气暖一暖，然后继续赶路。

夏天，烈日炎炎，汗流浃背，子路都不停下来歇息一会儿，只为了能早点儿回家给父母做可口的饭菜。遇到大雨时，子路就把米袋藏在自己的衣服里，宁愿淋湿自己也不让大雨淋到米袋。

如此的艰辛，持之以恒，实在是不容易。

后来父母过世，子路来到楚国。楚王聘他当官，给他很优厚的待遇，一出门就有上百辆马车跟随，每年给的俸禄非常多。子路过着富足的生活，吃的饭菜很丰盛，每天山珍海味不断。

但子路并没有因为物质条件好而感到欢喜，反而时常地感叹。他是多么希望父母还活着，能够和他一起过上舒适的生活。可是父母已经不在了，即使他想再背着米走百里之遥奉养双亲，都永远不可能了。

在一生当中，人与父母相处的时间一天一天地减少。尤其是现代社会，有人很早就离家读书，离开了父母，从初中到高中、大学……我们跟父母相聚的时间是那么的短暂，难道不是更要珍惜跟父母相处的日子，好好孝敬他们吗？

虽然子路到百里之外买米，奉养父母的艰辛，我们没有办法感同身受，但我们可以学习子路孝顺父母的品德，给父母更多的爱。

实践应用

中国有句古语：百善孝为先。意思是说，孝敬父母是各种美德中排在第一位的。一个人如果不孝敬父母，就很难想象他会对别人好了。那么怎么做才是孝顺父母呢？张源从中秋节的一件事中得到了答案。

中秋节时，张源和爸爸妈妈吃了饭，围坐在一起赏月。吃月饼时，妈妈吃了一口就没有再吃。

张源问：“妈妈，云腿月饼这么香，您为什么不吃了？”妈妈说：“刚才吃的菜太多，所以吃不下了。”张源突然想道：“我和爸爸喜欢吃云腿馅月饼，妈妈喜欢吃什么馅的呢？”于是张源问：“妈妈，你喜欢吃什么馅的月饼呀？”

妈妈说：“我喜欢红豆沙馅的。”妈妈说完，张源感到很羞愧。因为她和爸爸只买了自己喜欢的云腿馅月饼，没有问妈妈喜欢什么。

于是她把爸爸拉到房间，悄悄地说：“爸爸，我们出去给妈妈买豆沙馅月饼吧，现在应该还有卖的。”爸爸欣然同意了。

于是趁妈妈收拾厨房时，她和爸爸出门买豆沙馅月饼。

因为正是中秋，并且豆沙馅月饼非常受欢迎，张源和爸爸连去了两家超市都没找到豆沙馅月饼。

从第二家超市出来时，张源都想放弃了。她想是否给妈妈买其他馅的月饼带回去。但是她一想到妈妈平时为自己做了那么多事，现在只不过是多去几家超市而已。于是她拉着爸爸继续去其他超市找。爸爸见她不肯放弃，感觉很欣慰，跟她说：“超市里没有，菜市场那边还有路边摊，我们去那里看看。”

他们来到菜市场，走到最后一家摊位时，发现还有三斤豆沙馅月饼。张源和爸爸非常高兴，把那些月饼都买了下来。当他们拎着豆沙馅月饼回到家时，妈妈高兴地拥抱了他们。

妈妈抱着张源亲了一下，认真地看着她的眼睛说：“谢

谢你，孩子。妈妈很开心。”

张源知道妈妈开心的原因，不只是她给妈妈买了豆沙馅月饼，妈妈更在乎的是自己的这份孝心。

父母并非要求孩子给自己多少回报，更在乎孩子有一颗感恩的心，有一份孝心。哪怕只是买点儿他们爱吃的东西，他们也会很开心。

经典原文

送张参明经举兼向泾州觐省

唐　孟浩然

十五彩衣年，承欢慈母前。

孝廉因岁贡，怀橘向秦川。

四座推文举，中郎许仲宣。

泛舟江上别，谁不仰神仙。

重点注释

◎张参：襄阳人，孟浩然朋友。

◎明经举：参加明经科考试。

◎泾州：治所在今甘肃径川县北。　◎覲省：拜望父母。

◎孟浩然：名浩，字浩然，号孟山人，襄州襄阳（现湖北襄阳）人，世称孟襄阳。唐代著名的山水田园派诗人。

◎彩衣：同“采衣”。《仪礼·士冠礼》注：“采衣，未冠者所服。”古代男子 20 岁时行冠礼，即戴上表示已成人的帽子。“未冠者”表示没有头冠，也就是未成年。

◎承欢：指侍奉父母。

◎孝廉：汉朝的一种人才选拔制度。在唐朝指考入州试的学子，每年州举秀才、孝廉送尚书省参加考试，称岁贡。

◎怀橘：典故名，典出《三国志·吴志·陆绩传》。原本是指陆绩 6 岁时，在袁术处做客，在怀中揣了三个橘子。袁术问他为什么这么做，他说带回去给父母吃。后来用怀橘表示孝敬父母。

◎秦川：泛指今陕西。这里指京城。

◎文举：指少年才子。　◎中郎：官名。　◎仰：羡慕。

古文今译

15 岁时还没有成年，因此还在父母身边侍奉父母。但现在因为要去尚书省参加考试，于是怀着孝敬父母的心，向京城出发。京城四处都在推选少年才子，考试竞争非常激烈，许仲宣成了中郎。考试过后，我们在江上泛舟作别。这时候，考试考中的人，还有谁羡慕神仙呢？

礼仪故事

黄香温席

古时候有个叫黄香的人。他小的时候，家中生活很艰苦。他 9 岁时，母亲去世了。从此，家境更加艰难。黄香因为母亲的去世非常悲伤。

黄香非常孝敬父母。母亲生病期间，黄香一直不离左右，守护在病床前。母亲去世后，他对父亲更加关心照顾，尽量让父亲少操心。

夏天到了，低矮的房子显得格外闷热，而且蚊蝇很多。晚上，大家都在院里乘凉。尽管每人都在不停地摇着蒲扇，仍不觉得凉快。入夜了，大家都困了，准备去睡觉。这时，大家才发现黄香没有在院子里。

父亲忙提高嗓门喊黄香。这时，黄香满头亮晶晶的汗，手里还拿着一把大蒲扇，从父亲的房中走了出来。

原来黄香为了让父亲休息好，晚饭后总是拿着扇子，把蚊蝇扇跑，还要扇凉父亲睡觉的床和枕头，以便让劳累了一天的父亲早些入睡。

到了冬天夜里，天气特别寒冷。那时，农户家里又没有任何取暖的设备，冷得难以入睡。为让父亲少挨冷受冻，黄香常常为父亲铺好被褥，然后用自己的体温温暖冰冷的被窝。被窝暖好之后，他才招呼父亲睡下。

黄香扇枕温席的故事，就这样传开了。街坊邻居人人夸奖黄香的孝心。

人们心想：这样孝敬父亲的人，一定会有出息。黄香长大后，人们推举他当地方官。黄香果然没让大家失望。在黄香的领导下，百姓的日子越过越好。

黄香侍奉父亲的故事反映出一个孩子细致、纯真的孝心，是一个孩子尽自己的能力所能做到的孝行。黄香孝敬父亲的美德，是我们学习的榜样。让我们从身边一点一滴的小事做起，孝敬父母，培养孝敬父母的美德。

实践应用

为了让同学们知道什么是"孝"，刘京京的班级举办了一次"孝敬之星"评选活动。老师宣布了活动内容和规则，并希望学生做一些孝敬父母的事情，然后拍照记录下来。星期一，由全班学生投票，评选出大家认为最感动人的孝敬之星。

但老师没有说什么是孝敬，该怎么去做，而是让同学们自己去体会。老师一说完，刘京京就在想，到底什么是孝敬。他想来想去，也没有想出个标准。他就想，先做一些力所能及的事吧。比如帮妈妈洗碗、择菜、拖地等。

吃完饭，妈妈说她很累，就在沙发上休息。于是刘京京主动提出："妈妈，今天我来拖地吧！"妈妈看着他说："好呀。"

刘京京学着妈妈的模样，把拖把弄湿了。然后他拿着拖把去拖客厅。但是他把拖把弄得太湿了，拖过的地板到处都是水。妈妈也没有责怪他，而是鼓励他说："没关系，等一下把拖把弄干一点儿，再拖一次就可以了。"

有了妈妈的鼓励，刘京京信心十足地拖起地来。第二次，他就把拖把拧干了又拖了一遍。这时，地板变得光亮起来。刘京京望着地板对妈妈说："妈妈，你来看呀，地板擦得这么亮，我都可以当镜子照了。你过来看看，我旁边还有个大美女呢！"

妈妈过来后，刘京京就在一旁做鬼脸，地板上照出了他的鬼脸。妈妈被逗笑了，说："就你这鬼精灵点子多。"

晚上，爸爸回来了。妈妈把刘京京拖地的事跟爸爸说了一遍，边说边笑得直不起腰来。

妈妈很久没有这么开心了。于是刘京京拿出手机，与大笑中的妈妈拍了个合影。

原来让妈妈笑也是一种孝顺！

周一的时候，刘京京在班上说了照片背后的故事。他说："我觉得，让妈妈开心就是孝敬。"很多同学都被他感动了，于是刘京京成了班上的"孝敬之星"。

是呀，孝敬有很多种，最好的孝敬就是让父母开心。

经典原文

送母回乡

唐　李商隐

停车茫茫顾，困我成楚囚。
感伤从中起，悲泪哽在喉。
慈母方病重，欲将名医投。
车接今在急，天竟情不留！
母爱无所报，人生更何求！

重点注释

◎李商隐：晚唐著名诗人，字义山，号玉溪生，又号樊南生。

◎茫茫：辽阔旷远的样子；模糊不清楚。　◎顾：回头看。

◎楚囚：本指春秋时期，被俘到晋国的楚国人钟仪。后用来借指被囚禁的人，也比喻处境窘迫、无计可施的人。

◎方：才，刚刚。

古文今译

将车子停下来，茫然地回顾周边，感觉自己就像楚国的钟仪一般困顿窘迫。忧愁伤感从心中蓦然升起，悲伤的眼泪如鲠在喉。慈母刚刚得了重病，我就想要送她去拜访名医。可是就在车子急迫地来接母亲时，苍天就无情地带走了我的慈母。母爱无边，无所为报，那么人生在世还有什么可以追求的呢！

礼仪故事

孙抑力战土匪

元代的时候，有个叫孙抑的人，家住山西洪洞县。武宗年间，他考上了进士，然后到刑部做官。不久之后，他发现官场并没有自己想的那么美好，各种官员勾结在一起为非作歹。孙抑不愿意与他们狼狈为奸，就毅然辞官回到了家乡，准备尽力孝奉父母。

没承想这时候家乡兵荒马乱，强盗四起。他为了安全着想，就想带父母往南阳逃避灾祸。天不遂人愿，他们在逃难的途中，还是遇到了一伙强盗拦路。

孙抑知道自己一个人打不过土匪，就想：我现在势单力薄，很难保护好父母两个人，不如分开保护。于是他决定先护送母亲脱险。

孙抑的父亲在后面被抓住了。孙抑安顿好母亲后，就马上去寻找被强盗绑走的父亲。他不顾艰难险阻，一个人闯进了土匪的大本营。他还没救出父亲，就被土匪发现了。他寡不敌众，被土匪捉住了。

孙抑知道救出父亲没有希望了。于是他哭着请求土匪留下自己，放了他父亲。土匪的首领看他是个孝子，很受感动，于是就把他父亲放了。

后来，人们写诗赞扬孙抑独闯土匪窝救父亲的故事。诗文写道：文人遇贼似临渊，求释老亲泣涕连。贼感孝诚遂许放，全家安返乐团圆。

虽然孙抑知道去土匪窝救父亲很危险，但是他还是去做了。因为他是一个有孝心的人。孝敬父母是一种美德。就连土匪也被孙抑的孝心感动了，放了他的父亲。

实践应用

古代有孙抑救父母，现在的许多小朋友却被养成了小公主、小皇帝，不知道如何孝敬父母了。就像曾经的邓丹丹一样。

一天晚上，吃完晚饭，妈妈对邓丹丹说："丹儿，等一下你洗一下碗吧。"

邓丹丹因为想看动画片，就对妈妈大喊道："我不想去洗碗！"然后就坐在沙发上，打开了动画频道。妈妈叹了一口气，没有说什么，直接去厨房洗碗了。

邓丹丹听着厨房里传来的流水声，突然意识到自己做得不对。她很是愧疚，思来想去，来到厨房，对妈妈说："妈妈，对不起，我不应该顶撞你的。"

妈妈转过头来，看着邓丹丹说："这的确是你的不对。第一，你长大了，可以做一些力所能及的事情了，就像洗碗、拖地等。第二，对父母说话的时候，大声喊叫是不对的。但知错能改，就是好孩子。所以妈妈原谅你了。"

听到妈妈原谅了自己，邓丹丹再一次说了一声："妈妈，对不起。"然后主动帮妈妈把洗好的碗沥干水，放在了橱柜里。

后来邓丹丹想：妈妈能够原谅自己，是因为她是我的妈妈。但是如果换了别人呢？就不一定会这样轻易地原谅自己。所以自己以后要改掉对别人大吼大叫的坏毛病。

从此，妈妈叫邓丹丹做什么，只要她能做到，就会认

真地去做。如果她最爱看的动画片即将开播，她也会轻声细语地和妈妈商议是否可以看完动画片再去做。

孝顺，是自己能帮父母做的事，就一定要做好。父母对自己说话时，要认真听。如果自己有不同意见，可以和父母商议，但是不能顶撞父母。如果不小心伤害了父母，要向父母道歉，并及时改正。

经典原文

墨萱图·其一

元　王冕

灿灿萱草花，罗生北堂下。
南风吹其心，摇摇为谁吐？
慈母倚门情，游子行路苦。

甘旨日以疏，音问日以阻。

举头望云林，愧听慧鸟语。

重点注释

◎灿灿：颜色鲜艳的样子。　◎罗生：散布。

◎心：芯。　◎摇摇：摆动、摇曳的样子。

◎吐：露出。　◎甘旨：指养亲的食物。

◎音：音信。

古文今译

颜色鲜艳的萱草花，散布在北堂的周边。南风吹着萱草的花蕊，萱草摇曳，它是为了谁吐露着芬芳？慈祥的母亲倚着门，盼望着孩子早点儿回家。谁能够有母亲明白，远行的游子是那样清苦。

由于离开的时间太久了，没有尽到奉养双亲的责任。因为路途遥远，音信渐渐地传不到父母的身边。抬头仰望高高的树林，听到慧鸟叽叽喳喳热闹的叫声，顿时因为不能在父母身边尽孝而感到惭愧。

礼仪故事

刘恒尝药

汉文帝刘恒是一个有名的大孝子。他当上皇帝后，对母亲依旧很孝顺，侍奉母亲从来不怠慢。

有一次，母亲患了重病。这可急坏了刘恒。母亲卧床不起，一病就是三年。刘恒每天亲自为母亲煎药汤，每次都要先尝一尝药烫不烫，觉得温度差不多了，才给母亲喝。刘恒日夜守护在母亲的床前。每次看到母亲睡了，他才趴在床边睡一会儿。

刘恒孝顺母亲的事，在朝野广为流传。刘恒不但孝顺母亲，还以仁义治国。在他统治期间，政治清明，百姓富足，汉文帝与汉景帝的统治时期被后人誉为“文景之治”。

一个人不能因为权力大，地位高，就忘记了养育自己的父母，而不孝顺父母。历史上许多有着巨大成就的人，也都是具有孝心的人。从汉文帝的故事中，我们可以知道，孝心是人最基本的美德。

实践应用

周末，妈妈带李唐去了郊区的敬老院。这是李唐第一次去敬老院。去敬老院前，妈妈带他去超市买了水果、酥糖，还有一些牛奶。

李唐问妈妈：“敬老院是什么地方？为什么要去敬老院呀？”妈妈说：“敬老院是老人生活的地方，里面大多是一些孤寡老人。因为他们没有子女，所以我们去看看他们，陪陪他们。”

妈妈一到敬老院，就有好多老人都围了过来。原来妈妈以前经常来敬老院，老人们都认识妈妈。

李唐好奇地看着老人们。他们比爷爷奶奶老很多，精神也不怎么好。这时，有一个很老的老人颤颤巍巍地走过来，送给妈妈一个苹果。妈妈笑着接了，然后牵着老人的

手和老人说话。

后来敬老院的管理人员告诉妈妈，那个苹果是昨天晚上敬老院发的。老人舍不得吃，偷偷藏着，要留给妈妈吃。听到这里妈妈很感动，李唐也很受感动。

他帮妈妈把酥糖发给老人们。虽然每个老人只分得了两三颗糖，但是他们都很开心。

在回家的路上，妈妈对李唐说：孝，有狭义与广义之分。狭义的孝，是指对父母的敬养。广义的孝，还包括对一切年长的人的关爱，也就是“老吾老以及人之老”，从尊重、关爱自己的老人推广到尊重、关爱所有的老人。比如敬老院的这些身边没有子女照看的老人也需要得到人们的尊重和关爱。有时间我们可以过来多看望他们，让他们开心一些。

经典原文

别老母

清　黄景仁

褰帷拜母河梁去，白发愁看泪眼枯。

惨惨柴门风雪夜，此时有子不如无。

重点注释

◎黄景仁：清代诗人，字汉镛，一字仲则，号鹿菲子，阳湖（今江苏省常州市）人。家境清贫，少年时即负诗名，为谋生计，曾四方奔波。

◎褰帷［qiān wéi］：掀起门帘，出门。

◎河梁：桥，替代送别地。

◎枯：干涸。

◎惨惨：幽暗无光。

◎柴门：树枝编的门，替代贫苦人家。

古文今译

我即将去往河梁办事，于是掀起门帘，依依不舍地与母亲告别。白发苍苍的母亲听到我要外出的消息，愁容满面，欲哭无泪。在这风雪交加的夜晚，我不能在母亲身边尽孝，却要离家远行，不禁感叹：养儿子又有何用呢？倒不如没有啊。

礼仪故事

韩伯愈泣杖

汉朝有一位孝子，名叫韩伯愈。他非常孝顺母亲。母亲说的话，他都会听进心里去。即使他的学问一天比一天好，他依旧将母亲的教诲记在心里。

母亲对韩伯愈十分严格。如果韩伯愈不小心做错了事，母亲就会用拐杖打他。虽然很痛，但韩伯愈认为：自己做错了事，惹母亲生气，这是不孝的表现，该打。所以他总是忍着，不敢有违抗的行为。

有一次，韩伯愈做错事，母亲又用拐杖打他。没想到，他这次竟然大哭了起来。

母亲觉得很奇怪，就问他："我以前打你，即使使劲儿打，你也总是咬紧牙忍着，从来没哭过。今天你为什么哭了？"

韩伯愈哭着说："以前您打我时，我觉得很痛，知道您有力气，身体还是健壮的。今天您打我，我却不觉得疼了，这说明您的力气大不如以前了，身体状况也不好。我觉得非常难过，所以就不由自主地哭了出来。"

后来，人们听说了这件事，都夸韩伯愈是个孝顺的孩子。母亲在打他的时候，他关心的却是母亲的身体。这说明他非常孝敬母亲。

实践应用

孝敬父母除了时常关心父母的身体健康外，还要学会理解父母。

何东的爸爸是一个建筑工程师。自从他有印象以来，爸爸总是很忙。他很想和爸爸一起玩，但是爸爸总是没有空陪他。等上了小学，同学们有爸爸接送，但是接他的永远是妈妈。于是，他就怀疑爸爸是不是不爱他。

可是如果爸爸不爱他，为什么要每天都跟他视频呢？何东陷入了矛盾当中。

周三时，爸爸出差回来了。周五下午，老师要开家长会。于是他跟爸爸说："爸爸，周五下午你去开家长会吧。"爸爸翻了一下笔记本，然后说："孩子，不好意思，周五我又要出差了。让妈妈去开，好不好？"听到这个回答，何东很失望，很伤心。他想起来，爸爸从来没有去接过他，也没去开过家长会，立马生气地对爸爸吼道："出差，你就知道出差！你一点儿都不关心我！"

爸爸被何东突如其来地大发脾气吓了一跳。但是爸爸依旧耐心地问："真的很想让爸爸去参加家长会吗？"何东说："很想，因为其他男孩子都是爸爸来参加家长会，只有女孩子才是妈妈来。我一直都是妈妈参加家长会的，可是我也想要爸爸来参加家长会。"

爸爸听了，也是觉得很愧疚。于是他决定不出差了，去参加家长会。但是他连续打了好几个电话，都没有找到人替自己出差。何东看着爸爸一直在打电话，终于明白爸爸的工作真的很忙。于是他安慰爸爸说："爸爸，您去出差吧，别耽误工作。还是让妈妈去开家长会吧。"

爸爸挂了电话对他说："谢谢何东，建筑行业就是一个萝卜一个坑，别人很难立马接手我的工作。而且，建筑工程如果监督不到位，质量不好，会造成很大的损失。房子倒了重盖，浪费财物是小事，还会危及人们的生命安全。所以爸爸的工作，很忙，很重要。"

听说爸爸的工作很重要，关系到很多人的生命安全，何东觉得爸爸很伟大。虽然爸爸不能参加家长会，但是爸爸的工作很有意义，很值得人们尊重。

"爸爸答应你，忙完这个项目，就休息一段时间，多陪陪你，可以吗？"爸爸不想让何东再失望，于是做出了不久后休假的决定。

何东答应了。他对爸爸说："爸爸，没关系。我现在理解你的工作了，你的工作关系到建筑工程的质量和人们的生命安全。所以我也原谅你了。"

有的父母整天总是忙得不见人影，这是他们的职业需要和特点，比如护士、医生、警察等。他们永远是把人民放在第一位。所以，身为子女，尤其是护士、医生或者警察的子女，对父母多一分理解，就是最好的孝敬。

经典原文

岁末到家

清　蒋士铨

爱子心无尽，归家喜及辰。

寒衣针线密，家信墨痕新。

见面怜清瘦，呼儿问苦辛。

低徊愧人子，不敢叹风尘。

重点注释

◎蒋士铨：清代诗人。与袁枚、赵翼齐名，是性灵派代表人物之一。

◎及辰：及时，正赶上时候。这里指过年之前能够返家。

◎低徊：迟疑徘徊，扪心自问。

◎愧人子：有愧于自己做儿子的未能尽到孝养父母的责任，反而惹得父母为自己操心。

◎叹：倾诉。　◎风尘：这里指旅途的劳累辛苦。

古文今译

母亲的爱子之心是无穷无尽的，最高兴的事莫过于游子过年之前能够到家。

她为我缝制的棉衣，针脚总是密密麻麻的，害怕缝得不牢固，在外面坏了使我冻着。她时常给我写信，家书里的字迹墨痕犹如新的一样。我回到家的时候，母亲一见面就怜爱地说我瘦了，拉着我仔细地询问旅途是否艰难。我这做儿子的却未能尽到孝养父母的责任，反而惹得父母为自己操心，已经愧对他们了。所以不忍心诉说自己漂泊在外的劳累辛苦，再让他们担心。

礼仪故事

缇萦千里救父

汉朝时，临淄有一个叫淳于意的人。因为他做过齐国的太仓长，管理都城仓库，人们都习惯叫他仓公。

仓公后来辞官从医。他医术很好，因此远近闻名。很多人到他家里看病。由于求医的人很多，而仓公又不常在家，所以病人常常失望而归。时间久了，病人开始愤懑异常。

有的病人无药可医，病人家人就责怪仓公不肯医治，以致病人死亡。后来失望和责怪仓公的人多了，终于酿成大祸。

汉文帝十三年，有人陷害仓公，到官府告他，说他借医欺人，轻视生命。官府判仓公有罪，要处罚他。按西汉法律，仓公曾经做过官，必须押送到京城长安去执行。

仓公的五个女儿都去送他。看到仓公后，五个女儿都很伤心，泣不成声。仓公看着五个女儿，长叹道：“生女不如生男，遇到急难时，却没有一个有用的。”

听完父亲伤心的叹息，十五岁的小女儿缇萦决定随父进京，照顾父亲。临淄距离长安很遥远。路上父女俩风餐露宿，尝尽了人间辛酸。到了长安后，仓公被押入狱中。

为了营救父亲，缇萦斗胆上书给汉文帝，为父求情，表示自己愿意替父赎罪。汉文帝十分同情这个小姑娘，认为她说得有道理，就对大臣们说：“犯了罪就该受罚，这是没有话说的。可是受了罚，也该让他重新做人才是。现在惩罚犯人，在脸上刺字，怎么能劝人为善呢？你们要商量出一个更好的办法。”

大臣们商议，将脸上刺字等酷刑改为打板子。于是汉文帝下令废除了酷刑，并释放了缇萦的父亲。

缇萦上书救父的孝行，万古流芳，成为后世人们学习的榜样。

实践应用

杨森的外公外婆住在乡下。杨森读六年级后，有一次去看外公外婆，但是他很快就回到城里了。因为外婆家没有电视，更不要说Wi-Fi了。吃了饭他只能坐在院子里看天空和周围的树木，或者去田野里采摘蔬菜。

才待了一天，杨森就闹着要回城里。妈妈拗不过他，就带着他回家了。

周末，杨森接到了外婆的电话。外婆说：“杨森，现在是夏天，外婆买了好多西瓜，还买了电视机。你说的那个什么‘歪父爱’啊，外婆也找人安上了。你明天和妈妈一起来玩吧。”

由于对乡下的印象不好，杨森并不想去。但听外婆特别想让他去的语气，杨森就答应了。第二天，妈妈就带他去了外婆家。

外婆买了一个大的电视机。Wi-Fi 网速也特别快。

外婆把西瓜和其他杨森爱吃的水果，都从冰箱里拿了出来，还把西瓜切好，放在茶几上。杨森坐在沙发上看着电视。外婆就在旁边看着他，时不时问他都喜欢吃什么，在学校和同学们玩得是否愉快。

杨森发现外婆总是望着自己，眼睛笑得眯成了一条线。外公虽然不苟言笑，但他一直在厨房忙碌，做了好多杨森喜欢吃的菜。

晚上，他陪外公外婆去散步。村里人跟杨森说，外公外婆平时很节俭。一听说外孙要来了，就往家里买了很多好吃的，等着他来吃。杨森突然很自责，因为自己上次来了一天就闹着走了。

看着外公外婆开心的笑容，他决定，以后多来看看外公外婆。后来每到周末他就自己坐车来乡下外婆家，外公外婆总是在马路边接他。而且，他几乎一个暑假都是在外婆家度过的。那个暑假也是外公外婆最开心的日子。

我们时常说孝顺父母，孝顺老人。但对于父母和老人来说，陪伴就是最好的孝顺。就像杨森经常去看望陪伴外公外婆一样。所以，有空的时候，就多陪陪父母和老人吧。

经典原文

忆母

清　倪瑞璿

河广难航莫我过，未知安否近如何？

暗中时滴思亲泪，只恐思儿泪更多。

重点注释

◎倪瑞璿：清代女诗人，江南宿迁人。　◎航：行船。

◎过：过错。　◎近：近况。

◎暗中：暗地里，背地里。

古文今译

河面太宽广了，船只难以航行，所以才没有过去看望母亲您。这并不是我的过错啊。不知道您最近过得如何，是否平安？我常常暗地里因思念母亲而流泪，但只恐怕母亲思念自己的泪水会流得更多呀！

礼仪故事

蔡顺拾葚

西汉末年，蔡顺很小就失去了父亲。他和母亲相依为命。虽然年纪还小，他却十分孝顺懂事。在食不果腹的境况下，蔡顺总能想办法找到一些可以充饥的食物，尽心奉养母亲。夏天，树上的桑葚熟了，蔡顺就采摘桑葚给母亲吃。每次采摘，他都会拎两个篮子。

一天，蔡顺在回家的路上遇到一伙儿强盗。强盗们拦住他，想从他身上搜点儿财物，没想到除了一篮子桑葚其他一无所获。强盗们露出不悦与愤怒，要找蔡顺出气。突然一个强盗发现蔡顺拿了两个篮子。他十分好奇，问蔡顺："你采的桑葚也不多，为什么要用两个篮子，还将黑色的和红色的分开来呢？"

蔡顺从容不迫地回答："黑色的是熟透的，味道很甜，是母亲最爱吃的。母亲身体不好，吃它可以充饥，又可以恢复体力。红色的没有熟透，比较酸，是留给我自己的。"

蔡顺说话很诚实，面对强盗一点儿也不害怕。在场的强盗们都感到很意外。他们一时沉默无语。蔡顺没有什么钱财，但是依然对母亲很孝顺。哪怕是只能以桑葚充饥，他也要给母亲留出最好的。强盗们触景生情，禁不住想起了自己家中年迈的父母。有的缓缓地低下头来，有的甚至悄悄地抹去眼泪，于是强盗们决定放了蔡顺。

当强盗们离开时，有的还拿出了一些粮食和财物，要蔡顺拿回去孝敬母亲。然而蔡顺深知许多强盗也是因为生活所迫才走上了错误的道路，所以他委婉地谢绝了强盗们的好意。强盗们见此更是汗颜不已，只好羞愧地离去。

孝顺是一种善良，善良总会感染影响周围的人。蔡顺的孝心感化了抢夺钱财的强盗，也为他谋得了活命的机会。

实践应用

薛帆在电视上看见一则孝敬老人的公益广告。看完后，他很受感动，决定要好好地对待父母和爷爷奶奶。

这一天，正好奶奶来家里吃饭。薛帆学妈妈的样子，把冰箱里的水果拿出来洗干净给奶奶吃。他又给奶奶泡了茶，放在奶奶的左手边。奶奶看着薛帆细心周到的样子，高兴得合不拢嘴。

她对妈妈说：“你看，我的乖孙对我多孝敬呀，都知道给我拿水果了。”妈妈看着薛帆，很是欣慰，目光里满满的都是鼓励和赞许。

吃晚饭时，薛帆又主动给奶奶拉座椅，帮妈妈端菜，给奶奶盛饭。奶奶感叹道：“我们帆帆是真的长大了，懂事了。”

奶奶夹了一只鸡腿放到薛帆的碗里，对他说：“男孩子要多吃一点，好长得高。”薛帆正要吃鸡腿，突然想起妈妈说过的话：“你奶奶不是不喜欢吃鸡腿。她是因为爱你，所以把鸡腿都给你吃。”

于是他把鸡腿放到了奶奶的碗里，对奶奶说：“奶奶，我现在已经长大了，吃什么都可以。我吃别的菜，这鸡腿您吃吧。”

奶奶听了，眼眶居然湿润了，连连说："好，好，奶奶吃，奶奶吃啊。"

薛帆又夹了一只鸡腿给妈妈。妈妈看着鸡腿，欣慰地笑了。

薛帆知道，妈妈高兴，并不是因为吃到了鸡腿，而是他给妈妈鸡腿这件事，让妈妈很高兴。

孝敬长辈是一种美德。我们要从小事做起，养成一种习惯，把这些美好品德传递下去。

第七章 尊师

经典原文

奉和令公绿野堂种花

唐　白居易

绿野堂开占物华，路人指道令公家。

令公桃李满天下，何用堂前更种花。

重点注释

◎奉和：作诗词和别人相应和，达到一唱一和的效果。

◎令公：指裴度，令公是唐朝对中书令的尊称。裴度是唐代文学家、政治家，字中立。

◎绿野堂：唐代裴度的住宅名，故址在今天的河南省洛阳市南。　◎开：创立，建设。　◎物华：万物的精华。

◎桃李：代指学生。　◎何：哪里。　◎更：再。

古文今译

绿野堂建成之后，占尽了万物的精华。路人指着宅子说：“这是裴令公的家啊。”裴令公的学生遍布天下，哪里用得着自己再在门前屋后种花呢？

礼仪故事

魏昭为师熬药

在古代尊师重教的故事中，有一个人不得不提。他就是东汉时期的魏昭。魏昭求学时，看到郭林宗翩翩君子的模样，心想：这一定是一位难得的好老师。魏昭常对人说：“教念经书的老师很容易请到，但是要请到一位能教人成为老师的人，就不容易找到了。”而郭林宗的确像他说的那样，藏书众多，熟读典籍，学识渊博，是远近闻名的大儒。

后来，魏昭到京城洛阳任职。他做出了一个惊人的决定，拜远在南阳的郭林宗为师。他派人去南阳侍奉老师。但是郭林宗体弱多病，经常喝药。有一次，他突然要魏昭亲自熬药给他喝。

于是魏昭亲自熬好药，并小心翼翼地端到老师的床前。郭林宗却呵责他熬的药太烫。魏昭又熬了一次，郭林宗又说药太苦。就这样一连三次，魏昭都耐心地侍奉老师。当魏昭第四次端着药走进来时，并没有流露出不好的表情。郭林宗大笑着说：“我以前只看到你的外表，今天终于看到你的真心啦！”

于是郭林宗将毕生所学全部教给了魏昭。魏昭不负所望，终成大器，成为中国历史上著名的儒家学者。

实践应用

江江上初中以前，都是和爷爷奶奶一起在乡下生活，小学也是在村里的小学上的。

村里的小学学生多，老师少。老师们都是将学生从一年级教到六年级毕业。江江读一年级时，语文老师是一位快退休的老爷爷。同学们都亲切地叫他李爷爷。因为他待人温和，总是面带笑容，给人一种和蔼可亲的感觉。他讲课生动幽默，同学们都很喜欢他和他的语文课。只要是李爷爷教的学生，语文成绩都很好。学生们都说，跟着李爷爷除了可以学到语文知识，还学到了如何培养美好的品格，比如待人温和，学会宽容，还有很多很多。

江江上三年级时，李爷爷就已经到了退休年纪。因为没有老师愿意到乡下来教书，他只能继续教江江他们语文。

李爷爷能够继续教书，也很高兴。他说，自己身体很结实，如果退休后没事做，会很无聊的。他教学生总好过在家里坐着晒太阳。

后来，江江去城里上初中。但是每年他依旧会到乡下看望李爷爷。在给乡下爷爷奶奶买东西时，他也会给李爷爷买一份。

爸爸妈妈知道了，称赞他说："都说师恩难忘，我们江江用实际行动告诉了我们，什么是师恩难忘。"

李爷爷也把江江当作自己的孙子一样，虽然江江上初中了，每次江江来，他依然会和他唠叨，询问一下他在学校的学习和生活状况。

后来李爷爷有了手机，就找江江的爷爷要了江江的电话号码。每星期李爷爷都会给江江打两三个电话。江江有了什么生活和学习上的困难和心事也很愿意和李爷爷倾诉。因为有了李爷爷的教导，江江的初中生活和学习很顺利。江江也因此对李爷爷更加尊重。节假日和寒暑假，江江一有空就会回乡下看望李爷爷。

江江与李爷爷的事情在爷爷奶奶的村中流传了开来。大家都说，江江是一个懂得尊敬老师的好孩子。

经典原文

新竹

清　郑燮

新竹高于旧竹枝，全凭老干为扶持。

下年再有新生者，十丈龙孙绕凤池。

重点注释

◎郑燮：号板桥，字克柔，清代书画家、文学家。一生主要客居扬州，以卖画为生。“扬州八怪”之一。其诗、书、画均旷世独立，世称“三绝”，擅画兰、竹、松、菊等植物。

◎为：作为。　◎下年：下一年，来年。

◎龙孙：竹笋的别称。

◎凤池：凤凰池，古时指宰相衙门所在地，这里指周围生长竹子的池塘。

古文今译

这首诗比喻青出于蓝而胜于蓝，而新生力量的成长，需要老一代的积极扶持，就像学生的成长需要老师的辛苦付出一样。这首诗的意思是：

新生的竹子能够超过旧有的竹子，完全是凭仗老竹子提供的营养滋养。等到第二年再有新竹长出，去年的竹子也开始孕育新的竹子了。就这样，池塘周围都布满了郁郁葱葱的幼竹。

礼仪故事

孔子尊师

公元前521年春，孔子得知学生宫敬叔奉鲁昭公之命，前往京都洛阳朝拜天子。他觉得这是向守藏史（史官，掌藏国家图籍）老子请教“礼制”的好机会。于是他征得鲁昭公同意后，与宫敬叔一起去周朝。

到达京都第二天，孔子就徒步前往守藏史府拜望老子。正在书写《道德经》的老子听说誉满天下的孔子前来求教，赶忙放下手中刀笔，整顿衣冠出来迎接。孔子见大门里出来一位年逾古稀、精神矍铄的老人，心想：这应该是老子吧。于是他急忙走上前，恭恭敬敬地向老子行了弟子礼。老子连说：“免礼，免礼。”便带孔子进入客厅。

进入大厅后，孔子再次行礼才坐了下来。老子问孔子为什么事而来。孔子离座回答道：“我学识浅薄，对古代的礼制一无所知，特地来向老师请教。”老子见孔子这样诚恳，便详细地讲解了关于古代礼制的知识。孔子听了十分感激，恭敬地向老子行礼告辞。

回到鲁国后，学生们请求孔子讲解老子的学识。孔子说：“老子博古通今，通礼乐之源，明道德之归，确实是我的好老师。”他赞扬老子道：“鸟儿，我明白它能飞；鱼儿，我明白它能游；野兽，我明白它能跑。善跑的野兽我能够结网逮住它；会游的鱼儿，我能够用丝条做成鱼钩钓到它；高飞的鸟儿，我能够用良箭把它射下来。至于龙，我却不能够明白它是如何乘风云而上天的。老子，就像龙一样啊。”

孔子为了学习“礼制”知识，不畏路途遥远，向老子谦虚求教。他尊敬任何能够教给自己知识的人，并以老师的礼仪相待。正是因为孔子尊师好学，所以他能够成为一个学识渊博的教育家、思想家，影响了一代又一代人。

实践应用

陈西村的希望小学，有一对特别的师生，那就是张老师和她的学生孟雪。她们为什么特别呢？因为孟雪尊敬老师的故事在陈西村广为人知。

张老师今年50岁了，孟雪今年也23岁了。孟雪读小学的时候，从小学一年级到六年级，都是张老师在教她数学，张老师对孟雪特别好。

孟雪的父亲早已去世，只有她和奶奶、妈妈相依为命，妈妈为了养活奶奶和孟雪，只有外出打工，长年回不了一次家。张老师知道孟雪的情况之后，对孟雪非常照顾，对

孟雪的学习也非常关心。

因为知道只有孟雪和奶奶在家，她们买东西不方便，而老人和小孩都喜欢吃甜的，但是奶奶舍不得花钱，张老师每次去家访，都会给孟雪和奶奶带一些糕点和糖果。

孟雪虽然小，但是也知道要知恩图报，她把张老师的关心和帮助铭记在心。她知道好成绩是对老师最好的回报，于是在学习上，她非常努力认真。

而在生活中，她帮助老师做力所能及的事，比如给老师分发作业，上课前就为老师擦黑板，同学们交作业后，给老师抱到她的办公桌上。

而最让人感动的，就是每年夏、秋两个季节。

孟雪家里没什么可送人的东西。幸好农村家家户户院里都有几棵小果树，孟雪家也不例外，院子里栽了一棵桃树和一棵柚子树。夏天桃子成熟，秋天柚子金黄，在果子成熟的时候，孟雪都会打下最好最饱满的桃子和柚子，带到学校给张老师。

开始张老师坚决不收，孟雪就把果子偷偷放到张老师的办公桌上，张老师看到后，拿回来给孟雪，对孟雪说：“你们外出买东西不方便，这些还是带回去给你奶奶吃吧。”

孟雪认真地说：“张老师，这些都不值钱，我家有很多，主要是感谢老师，老师不收桃子，那么我就没什么可感谢老师的了。”

张老师说：“老师不需要你给老师什么，只需要你好好读书。”

孟雪不说话了，不过依旧每天拿着桃子放到老师办公桌上，老师还给孟雪，孟雪再放，如此几次，张老师知道孟雪是铁了心了，于是就没再还给孟雪。

果然之后，孟雪没有再送桃子了。此后，孟雪每年都会在桃子和柚子成熟后，给张老师送一次水果。

后来，她如愿以偿考上了镇上最好的初中，之后又考上了县里最好的高中，高中毕业又考上省里面的师范学院。

张老师依然坚守在陈西村小学，从青丝到白发。孟雪依旧每年夏、秋给张老师送一次桃子和柚子，她上大学后，不方便回家摘桃子和柚子，而网络购物也发展起来了，她就在网上下单，依旧每年给老师送桃子和柚子。

每次张老师收到桃子和柚子，都知道，孟雪又想到她了。而陈西村的人也知道孟雪对老师的感激之情，不是一朝一夕，而是生生不息的。

经典原文

己亥杂诗·其五

清　龚自珍

浩荡离愁白日斜，吟鞭东指即天涯。

落红不是无情物，化作春泥更护花。

重点注释

◎龚自珍：字瑟［sè］人，号定盦［ān］。汉族，清代诗人，思想家、文学家及改良主义的先驱者。晚年居住昆山羽琌［líng］山馆，又号羽琌山民。浙江临安（今杭州）人。

◎浩荡离愁：离别京都的愁思浩如水波，也指作者心潮不平。浩荡：无限。

◎吟鞭：抽响马鞭。 ◎东指：东方故里。

◎天涯：指离京都遥远。 ◎落红：落花。花朵以红色者为尊贵，因此落花又称为落红。

◎护：保护。 ◎花：比喻国家。

古文今译

我心中那浩浩荡荡的离别愁绪，随着马蹄向着日落的远处延伸。马鞭向东一挥，我就要离开北京了，从此离北京就是天涯海角一样远了。我辞官归乡，就像从枝头上掉下来的落花，但它却不是没有用处了，它化成了春天的泥土，还能起到培育下一代的作用。

礼仪故事

李世民教子

唐太宗李世民是历史上少有的明君，他开创了“贞观之治”的唐朝盛世。李世民懂得国家兴旺发达、长治久安，做好下一代的教育十分重要。他认为教诫太子、诸王是“当今日之急”。因此，他给几个儿子选取的老师都是德高望重、学问渊博的人。而且，他一再告诫子女必须要尊重老师。

一次，太子的老师李纲因患脚疾，不能行走。怎么办呢？在封建社会，后宫管理等级森严。除了皇帝和后妃、子女能够坐轿外，官员不能坐轿。唐太宗知道后，特许李纲坐轿进宫讲学，并诏令皇太子亲自迎接老师。

之后，唐太宗又叫礼部尚书王圭［guī］当四子魏王的老师。有一天，有人反映魏王对老师不尊敬。唐太宗十分生气，当着王圭的面批评魏王说："以后你见到王圭，就如同见到我一样，应当尊敬，不得有半点儿放松。"从此，魏王见到老师王圭，总是态度很谦恭，学习也很认真。

由于唐太宗家教很严，儿子们对老师都很尊敬，从不失礼。唐太宗教子尊师的故事被后人传为佳话。

实践应用

王符进入初中后，变得特别叛逆，上课不认真听课，有时还翻墙出去打游戏。班主任找他谈了几次话都没有效果，都打算叫家长了。谁知，他突然开始发愤图强了。原来教数学的姚老师找他谈了一次话。

一天上午，王符又像往常一样，翻墙出去准备打游戏。没想到姚老师就站在学校的墙外。他吓得拔腿就跑。但是姚老师腿比他长，他没跑几步就被姚老师追上了。姚老师没训斥他，而是拉着他的手说："今天老师请你去一个地方。"

姚老师拉着他上了车。半个小时后，姚老师和他来到郊区的一处工地。王符不明白来工地干什么，也不敢问。他们一下车，一阵热浪扑面而来。不一会儿，他们就汗水直流。

这时，姚老师指着工地说："现在的室外温度是 37 摄氏度。看见那些工人了吗？他们已经汗流浃背了，但是依然在卖力地建房子。因为他们不劳动，就没有钱。据我了解，你的父母也在工地上搬砖、建房子。他们汗流浃背地拼命工作，就是为了挣钱，让你读书。而你呢？却拿着他们的血汗钱，去网吧吹着空调打游戏。老师不想指责你。因为我那时，也不喜欢学习。当时我没有游戏可打，就在

街上瞎晃，去树上掏鸟窝。原来我有很多朋友，但是因为同学们都考上高中了，就我没考上。我的朋友越来越少了。后来，我补习了一年才考上高中，朋友又渐渐多了起来。如果你天天打游戏，就会走上我的老路。今天我只是以一个过来人的身份告诉你，不认真读书的话，你将会面临什么后果。打游戏，你什么也没有得到。最主要的是，白白浪费这三年时光，如何对得起你那在工地上汗流浃背的父母啊。”说完，姚老师又拉着他坐上车，开回了学校。然后姚老师对他说，回去好好想一想吧。

当天下午，王符没有去上课。他躺在寝室里，眼前一直出现工地上的工人们汗流浃背地劳动的身影。他心里久久不能平静。第二天，早读还没开始，他就到教室学习了。

期中考试时，他考了班上的第二名。他觉得这是姚老师的功劳。他想好好答谢姚老师。姚老师却跟他说：“你好好学习，就是对我最好的报答。”

确实是这样，我们对老师的尊敬，不能只体现在语言和行为上，还要体现在结果上。我们对老师最好的尊敬，就是努力学习，成为有用的人才，以优异的成绩回报老师。

经典原文

蜂

唐　罗隐

不论平地与山尖，无限风光尽被占。

采得百花成蜜后，为谁辛苦为谁甜。

重点注释

◎罗隐：字昭谏，唐代诗人，新城（今浙江富阳市新登镇）人。　◎山尖：山峰的顶端。

◎无限风光：极其美好的风景。　◎尽：全部。

◎占：占有，占据。　◎采：采取，这里指采取花蜜。

◎为［wèi］：替。　◎甜：醇香的蜂蜜。

古文今译

无论是平地还是山峰，凡是极其美好的风景，都被蜜蜂占有。它们采尽百花的花汁酿成蜜，到头来又是在为谁忙碌，为谁酿造香甜的蜂蜜呢？

梅兰芳敬师

梅兰芳是我国著名京剧表演艺术家。他不断探索，不断革新，在艺术上精益求精，虚心好学。他形成了自己独特的艺术风格，也称“梅派”，对我国京剧事业的发展做出了突出贡献。

梅兰芳谦虚好学，拜能者为师，尊师敬业的美德，和他的艺术成就一样，至今广为传颂。

新中国成立前，有一次梅兰芳和同事们表演京剧《杀惜》。剧场内，戏迷们喝彩声不绝于耳。“不好！不好！”突然，从剧场里传来一位老人的喊声。人们一看，是一位衣着朴素、年已六旬的老者，正不住地摇着头。

梅兰芳看到这一情景，心里突突地直跳。演完戏，他来不及卸装，就找到那位老先生，然后把他接到家中，待如上宾。他恭恭敬敬地对老人说：“说我演得不好的，都是我的老师。先生说我不好，必有高见。请您一定赐教，学生一定亡羊补牢。”

老先生严肃而认真地指出了梅兰芳的错误：“惜姣上楼和下楼的台步，按梨园规定，应是上七下八，您为什么上八下八？请问这是哪位名师教您的呢？”

梅兰芳一听，恍然大悟。原来他的错误那么明显，却一直没有人指出。今天老先生指出了自己的错误，这是多么的幸运啊。于是他立马向老先生鞠躬，连连向老先生道谢。

后来，梅兰芳演出时，常常邀请老先生前来观看。每场结束，他都要向老先生请教有什么需要改正的地方。老先生看梅兰芳对人真诚，虚心求教，就把自己所知道的戏曲知识全部教给了他。梅兰芳能够在京剧艺术上取得那么大的成就，和他的尊师好学是密切相关的。

实践应用

记得当初年少时，当老师走进教室的时候，同学们都会响亮地说一声："老师，您好！"

张琴记得在小学的时候，这声音洪亮有力，起立的动作整齐划一。同学们那一声"老师，您好！"说得真诚，带着尊敬。因为大家都知道，那不单单是一个行礼的形式，更是代表着同学们对老师深深的尊敬。

现在上了初中，张琴发现同学们对于行礼不那么热情了。

一天，李老师进了教室。班长喊了"起立！"后，同学们稀稀拉拉地缓缓起身。有的人弯着腰摆弄桌上的东西，有的人眯着眼睛，就像立马就能倒下睡觉一样……李老师

看着学生们的精神状态，动了动嘴想说些什么，但没有说出来，而是认认真真地向同学们鞠了一躬，精神饱满地说了一声:“同学们好!”

同学们却懒懒散散地回了一声:“老师，您好。”

同学们这种懒散的样子，在初二(3)班已经持续了将近半个学期。以前老师都会说一声:“坐下。”然后，就开始上课。但今天李老师又声音洪亮地说了一声:“同学们好!”说完又向同学们郑重地鞠了一躬。张琴吃了一惊，同学们也同样愣住了。

几个已经坐下的同学又陆陆续续站了起来，郑重其事地又说了一声:“老师，您好!”然后郑重地向老师鞠了一躬。

李老师看着同学们，欣慰地笑了。

这种现象是否也曾发生在我们身上呢？在上课起立的时候，慢慢悠悠，懒懒散散，站不直，说话也是有气无力。

向老师问好，是最基本的礼仪，也是对老师最基本的尊敬。老师每天上课，教授我们知识、礼仪。他们的辛苦付出值得我们问候一句:“老师，您好!”“老师，您辛苦了!”所以，下一次，如果你不想起立鞠躬，一定要记得老师对我们的付出，然后认认真真地向老师鞠个躬，问声好。

经典原文

无题(节选)

唐　李商隐

相见时难别亦难，东风无力百花残。

春蚕到死丝方尽，蜡炬成灰泪始干。

重点注释

◎无题：唐代以来，有的人不愿意标出能够表示主题的题目时，常用“无题”做诗的标题。

◎东风无力百花残：这里指百花凋谢的暮春时节。东风：春风。残：凋零。 ◎丝：与“思”谐音，以“丝”喻“思”，含相思之意。

◎蜡炬：蜡烛。 ◎泪：指燃烧时的蜡烛油。

古文今译

见面的机会真是难得，分别时更是难舍难分，况且又遇到春风将尽的暮春天气，百花残谢，更加使人伤感。春蚕结茧，把丝吐完了才死去，蜡烛要燃尽成灰时，像泪一样的蜡油才能滴干。

礼仪故事

柳敬亭谨遵师言

柳敬亭是明末清初大名鼎鼎的说书艺人。他住在江苏泰州曹家庄。由于他好打抱不平，得罪了地方上的恶势力，只好到外乡去流浪。

一次，柳敬亭流浪到了江南水乡的一个小镇上。柳敬亭看到茶馆、酒楼上经常有人说书。他很感兴趣，就经常去听。他听了之后就记在心里。由于他从小读了不少历史小说，听了不少民间故事，他也想靠说书来维持生活。

由于他不知道说书的方法和技巧，也找不到合适的老师，就只能自己摸索着练习。结果可想而知，他说书的效果很不理想。为此，他很是苦恼。

后来，他在旅途中听到一位演技十分高明的艺人说书。他听后对那位艺人佩服得五体投地。他想拜这位艺人为老师。他经过打听，得知这位艺人叫莫后光。他就到莫后光的家里，诚恳地要求拜他为师。莫后光看到这个青年诚实可爱，说书也有较好的基础，就答应收他做学生。

莫后光把说书艺术的基本原理和方法讲给他听，告诉他："首先要熟悉各阶层的生活和各地的方言、风俗、习惯，然后把观察和搜集的材料，经过反复分析，找清它们的因果关系、发展过程。还要学会对掌握的材料加以剪裁取舍，把有用的材料组织得恰到好处。"

柳敬亭听了老师的教导后，深深地记在心头。他白天到处游街串巷，仔细地观察社会上的各种现象，特别注意学习和练习方言俚语。晚上回家以后，他闭上眼睛细细琢磨白天看到的事情，把它加工、提炼、融化到故事中去，并认真地记在纸上。

他这样学习了几个月后，又去找老师指点。老师让他说了一段书后，对他说："现在你虽然能讲出故事，但还没能起到引人入胜的效果。重要的是你要时时刻刻想着怎样把故事说得好，说得动听。"

他听了以后，继续苦心钻研。他和各种人交朋友，了解他们的生活和喜好。在交往中，他发现，有许多上了年纪的人说起话来很吸引人，而且声音又能够随故事情节的跌宕起伏而抑扬顿挫，感染力很强，尤其是说话时那种胸有成竹的神态，很值得学习。他每天都细心观察、模仿社会中各种人的言行习惯。过了几个月，他又去请教老师。

老师听他说了一段书后，说："你现在的进步已经不小了，听的人能聚精会神，但还要精益求精。"

柳敬亭听了老师这番话，信心更足了，学习也更刻苦了。于是他进一步去探究人们的感情、爱好。他还常常说书给街坊邻居听，让大家评论，给出修改建议。晚上他再重新练习一遍，把大家的意见尽量采纳进去。

这样过了几个月，他又去找老师。老师这次听了他说的书后，高兴地跷起大拇指说："你现在已学到精髓了。还没张口，你已制造了故事气氛。等说起来时，听众的情绪就能够不由自主地跟着故事中的人物产生共鸣了。"

后来，柳敬亭成为一名有名的说书艺人。他走到哪里都受到人们的热烈欢迎。

柳敬亭的成功离不开老师的教导，更离不开他的虚心求教。他始终虚心听取老师的意见。虽然老师三番五次地否定他，叫他精益求精，但他丝毫没有气馁，一遍遍地改进、练习，最终说书水平有了很大的提高。这是他努力学习和尊师求教的回报。

实践应用

龙洋就曾有过不尊敬老师、妄自尊大的言行。上初一时，由于暑假预习了初一语文，他便觉得已经学会了，所以语文老师讲课时，他不是睡觉，就是神游天外。

开始他在课堂上睡觉做得很隐蔽，老师没有发觉。后

来老师发觉了，只是让他认真听课，并没有责罚。于是，他胆子越来越大，甚至光明正大地趴在桌上睡。

这天老师忍不住了，就问他为什么不听课。他说：“初一上、下册的语文我都在暑假预习过，全都知道了。”

老师正在讲王家新的诗歌《在山的那边》。于是老师就问：“既然你都知道了，那请你说说，诗中的‘隐秘’‘铁青’‘诱惑’分别代表什么？诗的中心思想是什么？”

龙洋讷讷地说不出来。原来他只是把语文课本通读了一遍，却没有读那么仔细。老师没有为难龙洋，叫龙洋坐下，然后说：“人外有人，天外有天。就像这首诗，山外有山，山的最外面还有海。知识是无穷无尽的，看过了课文并不等于学会了知识。同学们以后要认真学习。”

龙洋知道，老师这句话是说给他听的。他羞愧地低下头，打开了语文书，开始认真听课。这时他才发现，暑假的课文预习太过流于表面。原来现代诗歌还有那么多的含义和意象。

此后，他会在课前复习，在课上认真听讲。因为他知道，老师讲的知识，是课前预习学不到的。虽然老师批评了他，但他知道是自己错了。他也因此更加尊重老师，看到老师主动打招呼，在公交车上给老师让座。

后来他初中毕业了，每年暑假都回来看望老师。他说，正是因为老师让他正视学习，提高了成绩，才考上了一个好的高中。他感恩老师的每一句教诲。他一直谨记老师“人外有人，天外有天”的教导，不断地督促自己学习进步。

经典原文

送僧归金山寺

唐　许浑

老归江上寺，不忘旧师恩。
驻锡逢山色，停杯见浪痕。
秋涛吞楚驿，晓月上荆门。
为访题诗处，莓苔几字存。

重点注释

◎许浑：字用晦，唐代诗人，润州丹阳（今江苏丹阳）人。晚唐最具影响力的诗人之一，以怀古、田园诗为佳，后人拟之与诗圣杜甫齐名。

◎老归：指年老致仕归休。　◎江上：江岸上。

◎驻锡：僧人出行，以锡杖自随，所以称僧人留驻的地方为驻锡。这里指金山寺。 ◎逢：遇见。

◎停杯：停止饮酒。 ◎浪痕：波浪冲击留下的痕迹。

◎楚驿：楚地的驿站。 ◎晓月：拂晓的残月。

◎荆门：山名，位于今湖北省宜都县西北的长江南岸，与北岸虎牙山隔江对峙，地势险要，自古即有楚蜀咽喉之称。

◎莓苔：青苔。

古文今译

我年老了辞官到坐落在江岸边的金山寺，依然不能忘怀以前老师对我的恩情。在金山寺能够遇见山中的美好景色，靠江的那一边，可以看见岸边波浪冲击留下的痕迹，在岸边或者泛舟江上，再惬意不过。

秋天的波涛，好像要把楚地的驿站吞没一样。拂晓时的残月刚刚爬上荆门山，我们就起床出去探访以前题诗的地方，只见那里布满了青苔，只能隐约看见几个字了。

礼仪故事

康熙虔诚跪师

康熙在位61年，在他治理国家期间，出现了“康熙盛世”。

康熙很有才华。一方面是康熙很好学，另一方面顺治非常注意对康熙的教育，精心为他选派了博学的老师。

一天上朝，顺治向大臣们提出一个问题：“龙的耳朵小，象的耳朵大，出于什么典故？”掌管御书楼的彭尔述回答："这个典故出于《古藏经》第十三篇。"于是顺治帝命人找来书籍核对，果然如此。

于是顺治决定请彭尔述为玄烨（继位后，年号康熙）的老师。彭尔述推辞道："臣才疏学浅，不胜此任。"但皇帝金口玉言，不能更改。彭尔述就这样当了玄烨的老师。

少年玄烨很聪明，也很贪玩。他很是顽皮，很难专心学习。他总是学习一会儿，就去捕蝴蝶、捉蜻蜓，或者和兄弟们去捉迷藏……老师布置的作业他有好几次都没有完成。彭尔述虽然管教了几次，但都没有效果。彭尔述想：这样下去，玄烨将一事无成。于是他决心严加管教，让玄烨跪着读书。

一次，孝庄太后路过书房，看到玄烨在顺治的画像前跪着读书。孝庄太后很是心疼孙子玄烨，就叫他站起来，说道："读书你可以当皇帝，不读书你也可以当皇帝。"彭尔述听了，表示反对，很严肃地对孝庄太后说："读书为明君，不读书为昏君。"孝庄太后听了之后，心中顿时明白了老师的用意，又叫玄烨跪下读书。

当天晚上，有人传旨叫彭尔述进宫。彭尔述想，自己白天顶撞太后，肯定受罚。于是，他把白天的事情告诉家人，对家人说："我如果不能按时归来，就是遇难了。"并安慰家人："这不算什么，大不了人头落地。"

彭尔述到了后宫，孝庄太后亲自迎接，并且给彭尔述赐座献茶。孝庄太后说："皇帝让我向你道歉！今天我请你吃饭，作为对你教育孙子玄烨的答谢！"彭尔述为此很是感动，对玄烨尊师重道的态度铭刻在心。

从此，他更加尽心地将自己的知识传授给玄烨。玄烨能够成为一代明君，彭尔述功不可没。

实践应用

秦岭是六年级（3）班的学生。教语文的赵老师是他们班的班主任。赵老师对人温和，很受学生们的爱戴。同学们时常会帮她把作业、试卷抱到办公室。

一天上午，赵老师安排了语文考试，要求下课后交卷。但下课后，赵老师还是没有过来收卷子。有些学生做完试卷，把卷子交在讲台上，就放学回家了。秦岭交了试卷后，一直等老师过来收卷。但他等了许久也没看见赵老师。于是他就抱起考卷向赵老师的办公室走去。

进了办公室，他发觉赵老师已经趴在办公桌上睡着了，旁边有水和一盒感冒药。秦岭心想，赵老师一定是感冒了，吃了有助眠效果的感冒药，不小心睡着了。

这时，秦岭发觉，赵老师办公室的温度比外面低一些。他抬头一看，原来空调正对着赵老师吹。秦岭找来遥控器，关了空调。然后，他轻手轻脚地走出去，并轻轻地关上了门。

秦岭悄悄地关了空调、带上门，这体现了他对赵老师的关心和尊敬。我们在生活中对待老师，也要像秦岭一样对老师给予力所能及的关心。这对于老师来说，是最体贴、最温柔的关爱和尊敬。

第八章 敬友

经典原文

魏城逢故人

唐　罗隐

一年两度锦城游，前值东风后值秋。
芳草有情皆碍马，好云无处不遮楼。
山将别恨和心断，水带离声入梦流。
今日因君试回首，淡烟乔木隔绵州。

重点注释

◎两度：两次。

◎锦城：又称锦里、锦官城，故址在今四川省成都市南。

◎值：适逢，这里是“在”的意思。

◎东风：这里指刮东风的时候，代指春天。

◎碍马：阻碍了马蹄。

◎别恨：离别之愁。

◎离声：别离的声音。

◎君：指作者遇见的故人。

◎淡烟：淡淡的烟雾。

◎乔木：主干明显而直立，分枝繁盛的木本植物。

◎绵州：州名，现在的四川绵阳东部。

古文今译

我曾在一年之内两次到锦城去游玩，头一次是春天，第二次是秋天。每次在离开的时候，草地青青，吸引着马儿低头吃，就像不想要马儿离开一样。一片片的彩云，把一层层的阁楼都遮掩了。一座座的青山把我们隔断，所以产生了一些离愁别恨，绿水又带着这一份离愁进入了我的梦中。今天，想到了你，我便向锦官城回首眺望，只看见乔木和淡淡的云烟，看不见在绵州的故人。

礼仪故事

管鲍分金

管仲和鲍叔牙是好朋友，管仲二十来岁时就结识了鲍叔牙。二人都想改变目前的经济状况，于是就一起做生意。管仲家境贫寒，鲍叔牙家境要好一些，于是管仲就出资少些，鲍叔牙出资多些。

他们的生意做得还不错，挣了不少钱。这时有人却发现，管仲用一起做生意挣的钱，先还了自己欠的一些债。这说明管仲没把钱入账就给花了，这相当于占了鲍叔牙的便宜。如果是现在的话，管仲免不了被判一个贪污的罪名。

更可气的是，到了年底分红时，鲍叔牙分给管仲一半的红利，他也接受了，并没有说剔除自己当初先花掉的。

管仲的行为引起了鲍叔牙手下的不满。有个人就对鲍叔牙说，他出资少，花得又多，年底还照样和您平分，显然就是占您的便宜。如果我是管仲，我一定不会厚着脸皮接受这些钱。

鲍叔牙斥责手下道：管仲这样做有他的原因，他用得多是因为他以前欠人家钱多。后来他要平分红利，是因为管仲家里十分困难，他比我更需要钱。我和他合伙做生意就是想要帮帮他，我情愿这样做。此事你们以后不要再提了。

管仲听到后，感动在心里，说：“生我的是父母，知我的是鲍叔牙啊！”

鲍叔牙对管仲，有着对朋友最真切的帮助、最诚意的理解。他用行动告诉我们，对于朋友，要相互帮助，要学会理解。

实践应用

小雨和小樱是好朋友，她们两个会经常相互串门，时不时一同约在对方家写作业。

这天，小樱在小雨家写作业。写完作业小雨带小樱在客厅玩了起来。突然，小樱看见了客厅电视柜上有一个水晶天鹅，就跟小雨说：“那个好漂亮啊，我可以看看吗？”

小雨自豪地说："那是我舅舅从外国带回来的白天鹅。"说完便把那水晶天鹅拿了下来，递给小樱："喏，给你看。"

小樱拿着水晶天鹅，爱不释手。但她也知道这是小雨舅舅给小雨的礼物，不能玩太久。她看了一会儿，便想把水晶天鹅递给小雨。她伸出去的手和小雨拿托盘的手撞在一起，天鹅被摔在地上，摔得四分五裂。

小雨看着摔在地上的天鹅，瞬间心疼地哭了。她哭着对小樱说："你赔我一个天鹅!"小樱连连说对不起，并说自己不是故意的。小雨却越哭越大声，越哭越伤心。

小樱跟她说："我马上就去街上买一个一模一样的赔你。"小雨说："一模一样，你说得倒轻松，这是我舅舅从国外带回来的，国内怎么会有?"

如小雨所说，国内的确没有这个款式的水晶天鹅。小樱在商店看到的天鹅都是又肥又丑。

实在没有办法，小樱只能买了那个肥天鹅，送给了小雨。小雨看着那丑上万倍的天鹅，直接把它摔在了地上。小樱看着摔碎了的胖天鹅，也很伤心，默默地抹着眼泪回家了。她们就这样开始了冷战。

一个星期后，小雨在她的课桌里，发现了一个很漂亮的水晶天鹅。虽然形态和大小不是舅舅带回来的那个，但是不比舅舅带回来的差。她知道，这应该是小樱想办法从其他地方买回来的。她瞬间感动不已，其实那天摔了天鹅之后，她早已后悔。

于是她便带着这只水晶天鹅，立马飞奔到小樱的班级，对她说："小樱，对不起。我不应该跟你发那么大的脾气，你可以原谅我吗？"

小樱说："那天摔坏你的天鹅，我也感到很抱歉。我没有找到一只一模一样的天鹅，你可以原谅我吗？"

"这只天鹅也很漂亮，我很喜欢。其实，上次那只胖天鹅也好看。"

说完之后，两个人相视一笑，也都从心底原谅了对方。因为她们知道，真正的友谊就是能够相互体谅，相互理解，相互原谅。

经典原文

秋夜喜遇王处士

唐　王绩

北场芸藿罢，东皋刈黍归。

相逢秋月满，更值夜萤飞。

重点注释

◎处士：对有德才而不愿做官，隐居民间的人的敬称。

◎王绩：字无功，号东皋子，绛州龙门（今山西河津）人。隋末举孝廉，除秘书正字。其诗近而不浅，质而不俗，真率疏放，旷怀高致，直追魏晋高风。

◎北场：房舍北边的场圃。

◎芸藿［huò］：锄豆。芸，通“耘”，指耕耘。藿，指豆叶。

◎东皋［gāo］：房舍东边的田地。皋，水边高地。

◎刈［yì］：割。

◎黍［shǔ］：即黍子。籽实淡黄色，常用来做黄糕和酿酒。 ◎萤：萤火虫。

古文今译

在房屋北边的菜园里锄豆完毕之后，又从东边田地里收割黍米归来。在这月圆的秋夜，恰与老友王处士相遇，这时，星星点点的秋萤穿梭飞舞，就像为我们的相逢庆贺。

礼仪故事

朱晖和张堪

后汉时期，有一个人叫朱晖。他读太学期间，结识了朝廷重臣张堪，两人交谈甚为投机。

张堪对朱晖的才学和人品非常赏识，又恰好是同乡，就有意提携他，但是朱晖婉言谢绝了。虽然朱晖拒绝了张堪，但张堪一心把他当作知己，推心置腹地对朱晖说：“你真是一个自持的人，值得信赖。我愿把身家与妻儿托付给你。”面对张堪把他当作生死之交的话语，朱晖心里非常感动，面上却不显露，只是恭敬地答道：“岂敢，岂敢。”

朱张二人挥手作别后，便失去联络，再没有碰面。后来张堪死了，他为官清廉，死后也没有什么丰厚的遗产，家人的生活顿时变得窘迫起来。朱晖知道后，就全力接济张堪的家人。

朱晖的儿子不解，就问：“我们以前没有听说过你与张堪有什么深交，你为什么如此厚待他的家人？”朱晖说：“张堪生前对我有知己相托之言，我嘴上虽然未置可否，但心中已经答应了。”“既然你们互为知己，为何常年不见往来？”朱晖答道：“当初他身居高位，并不需要我的帮助。如今他离去了，家人生活得很不好，才需要我这个朋友出面帮忙。”

后来，朱晖做到尚书令。他时常对儿子说：“你们不一定要学我如何做官，但一定要学我如何做人。”

的确是这样，在接人待物上，朱晖珍视友谊，重视诺言，值得学习。

实践应用

友情有千万种形式，朱晖和张堪就是其中的一种。他们这样的友情，是平常不联系，时隔多年，依然能够记得彼此，并把对方说的话记在心中，给予对方有力的帮助。

小青和小馨之间，也是这样的友情。小青暑假的时候去乡下爷爷家玩。在乡下，她认识了小馨。小馨是地地道道的农村女孩，会钓鱼、捉虾、扑蝉、粘蜻蜓，还会做糯米粑粑。

原本对这一切都很陌生的小青，却在一个暑假中，也学会了捉虾、钓鱼、粘蜻蜓，还会做糯米粑粑了。这些小技能都是小馨耐心教导的结果。

暑假过去了，她们都在9月进入了五年级。小青又回到了城里读小学，小馨留在村里的村小学继续读书。后来，小青再也没有来过乡下。每年夏天，小馨都站在村头眺望，可是再也没有看到小青家的那辆红色小汽车。

不知不觉过了两年，她们都从小学毕业，上了初中。小馨考上了县里的寄宿中学，在报到时看见了小青。两人

见面后激动不已。即使过去两年，两个人都长高了不少，面部也长开了，成熟了，但是两个人还是一眼就认出了彼此。

进入初中，她们又成了无话不谈的好朋友。

有些人就是这样，相处一段时间之后，可能再也没有联系，但不论过几年，再次见到，还是能够一眼就认出彼此，这就是友谊的魅力。

友谊是美酒，年份越久越醇香浓厚；友谊是蜂蜜，经过时间的沉淀，变得更加的香甜；友谊是常青树，经过风雪，更加成长茁壮。

经典原文

寻雍尊师隐居

唐　李白

群峭碧摩天，逍遥不记年。
拨云寻古道，倚石听流泉。
花暖青牛卧，松高白鹤眠。
语来江色暮，独自下寒烟。

重点注释

◎雍尊师：姓雍的道师，名字、生平不详。尊师是对道士的尊称。

◎群峭：连绵陡峭的山峰。

◎摩天：指迫近天。形容很高的样子。摩，迫近。

◎逍遥：悠然自得的样子。

◎“花暖”“松高”二句：都是指道行高深之意。

◎寒烟：指山中寒冷的烟雾。

古文今译

连绵陡峭的苍翠山峰高耸入云，雍尊师居住在这里，远离尘嚣已经不记得过了多少年。拨开云雾找寻隐秘树林的山间古道，倚靠着石头听潺潺的流水声。雍尊师的修行道行非常高深，与他交谈起来，很是尽兴，直到江水已笼罩在暮色里，才发觉天色已晚，我只好独自走下烟云弥漫的寒山。

礼仪故事

范仲淹与王质

王质与范仲淹同朝为官，他们理念相同，来往密切，结成了朋友。

有一年，范仲淹因主张改革，惹怒朝廷，被贬去颍州。当范仲淹收拾行李离开京城时，一些平日与他有来往的官员，生怕被说成是朋党，纷纷避而远之。

听说范仲淹要离开京城时，王质正生病在家。王质不顾自己的病情和众人的议论，立即去找范仲淹，并将他一直送到城外。范仲淹为此十分感动，并将王质的真挚友情铭记于心。

对待朋友，王质能够做到不计个人利害得失，真诚相待，和那些趋利避害的不义之徒相比较，实在是难能可贵。对范仲淹来说，谁是能真正结交的朋友，此时此刻，也就一清二楚了。

实践应用

李丽在家打扫卫生时，不小心把鞋柜的柜门弄掉了。柜门正砸在李丽的脚上，立刻就肿了。第二天，她只好拖着受伤的脚，一瘸一拐地去上学。

到学校门口时，同桌王悠悠看到了李丽走路一拐一拐的，关心地问："你的脚怎么了？"李丽把受伤的经过和王悠悠说了一遍。"那你这个脚要什么时候才好呢？"王悠悠担心地问。

"不知道，医生说恢复快的话，一个多星期。恢复慢的话，要一个月。"李丽黯然答道。

王悠悠看着李丽明显不能受力的左脚，于是对她说："那以后我每天来背你上下学吧！"

"不用，我很重的。"李丽赶忙拒绝。

"又不是背很远，只是把你从教室背到校门口。校门口就有公交车站，坐上公交车就不用背了。下了公交车把你背到家就行了，也不是很远的。"

王悠悠说着，就走到李丽面前蹲下："来，我背你去教室吧。"

李丽本想拒绝，但早上从家里走到公交车站上车，脚的确很痛。看到王悠悠特别真诚，于是，她就答应了："谢

谢你啊，悠悠。”

于是，王悠悠每天背着李丽上下学，直到李丽的脚康复，共背了 11 天。

暑假时，班里组织夏令营，要求同学们两个人一组带帐篷。男生刚好都是两个人一组，女生则剩下王悠悠一个人，没有女生和她组队。

王悠悠特别想去夏令营，但现在她只能自己住一个帐篷，很是孤单。要么就再动员一个女生报名，和她组队。

李丽原本要去乡下老家过暑假，看到王悠悠落单，她就报名参加夏令营，和王悠悠组队。王悠悠高兴地抱着她说：“真的太感谢你了。要不然，我都不想去夏令营了。”李丽对她说：“谢什么呀，你忘记上次我的脚受伤了，你背我的事了吗?”

王悠悠说:“我们是朋友,这点儿小事我早就忘了。再说,朋友就应该互帮互助。”

“对呀,所以现在我来帮你呀。”说完两个人都看着对方,笑了。

经典原文

送别

唐　王维

下马饮君酒,问君何所之?
君言不得意,归卧南山陲。
但去莫复问,白云无尽时。

重点注释

◎饮君酒:劝君饮酒。饮,使……喝。

◎何所之:去哪里。之,往。

◎归卧:隐居。

◎南山:终南山,在今陕西省西安市西南。

◎陲:边缘。

◎但:只。

古文今译

请你下马来喝一杯美酒，想问问朋友，你要去往哪里？你说因为生活不得意，要回乡隐居在终南山的边缘。你只管去吧，我不会再追问，那里正有绵延不尽的白云，在天空中飘荡。

礼仪故事

鲁肃和周瑜

三国名将鲁肃少年时，就看出世道将乱，不会太平。他苦练箭术，退可以自保，进可以进入军营，谋得一份差事。

有一天，周瑜带了几百人的军队从鲁肃门前经过。当时，周瑜的军队缺少粮食。周瑜就向鲁肃借粮。鲁肃家里有两囤米，就借了一囤米给周瑜。周瑜十分感激，后来向孙权推荐了鲁肃。鲁肃向孙权明确提出了与曹操、袁绍三分天下的想法。这就是著名的《塌上策》。

孙权非常敬重鲁肃，与他日夜交谈。公元 208 年，曹操南下，东吴分为主战派、主和派两个派系。鲁肃支持主战派，并主动前往江夏请诸葛亮过江，为孙刘联盟抗曹做出贡献。赤壁之战中，鲁肃以武将身份出战，总领三军，立下首功。赤壁之战后，鲁肃建议将荆州借给刘备，这一计策使得曹操无暇顾及当时的东吴。

公元 210 年，周瑜病逝，临死前向孙权推荐鲁肃继任都督。

历史上的鲁肃，是一代儒将。但在《三国演义》中，鲁肃完全成了诸葛亮的陪衬，这对他来说，实在是太不公平了。

而鲁肃和周瑜的情谊，更是被《三国演义》忽视了，周瑜对鲁肃有知遇之恩、举荐之情，鲁肃对周瑜也是心怀感恩，铭记五内。在周瑜死后，他更加勤奋地学习布兵作战之道，就是怕辜负了周瑜的信任。于是总是手不释卷，吃饭睡觉都在看兵书。成为像周瑜一样的人，是鲁肃想到的对周瑜最好的报答。

实践应用

一天，雨水随着风声，哗啦啦地直接拍打在窗户上。不一会儿，马路上就水流成河了。临近放学，雨没有一点儿要停的意思。

放学后，同学们都打着伞回家了。从教室到学校门口，是一段不远的路程，从教室直接走出去的话，会淋成落汤鸡。刘宇站在走廊上，满脸愁云，看着外面的倾盆大雨。

正在这时，同学刘兴跑过来对刘宇说："刘宇，我们一起回家吧。我妈妈给我准备的伞足够大。"刘宇感激不尽，与刘兴共同撑着一把伞，一起去了公交车站。

因为雨天，坐车的人多了起来，公交车特别挤。许多同学都没有挤上公交车。看着公交车站越来越多的人，二人决定走路回家。

这一路，他们聊得很开心。比如家住哪里，养的什么猫、什么狗，喜欢什么运动等。很巧的是，他们住的小区相隔不远，两个人都喜欢打篮球，还都养了一只小狗。

由于有许多共同爱好，他们经常一起聊天，一起玩耍，一起回家。两个人也因此成了无话不谈的好朋友。

虽然好朋友也会有小矛盾，但是他们知道：友谊是最纯真的感情，但也需要好好维护，付出才有收获。平日里，他们互帮互助，就像亲兄弟一样亲密。你教我学英语，我教你学数学，你帮我带饮料，我帮你买早点……虽然他们小学毕业去了不同的中学，但周末时他们依然聚在一起，依旧是最好的朋友。

经典原文

赠汪伦

唐　李白

李白乘舟将欲行，忽闻岸上踏歌声。

桃花潭水深千尺，不及汪伦送我情。

重点注释

◎汪伦：李白的朋友。

◎踏歌：唐代一种广为流行的民间歌舞形式，一边唱歌，一边用脚踏地打拍子，可以边走边唱。

◎桃花潭：在今天安徽省泾县西南一百里处。《一统志》记载，桃花潭深不可测。

◎深千尺：诗人用潭水深千尺比喻汪伦与他的友情，潭深千尺不是既有的事实。李白运用了夸张的手法。

◎不及：不如。

古文今译

李白正坐上小船刚刚要解开系在岸上的缆绳出发，却忽然听到岸上传来悠扬的踏歌之声，原来是汪伦来为李白送行。那桃花潭水即使有千尺之深，也比不上汪伦对我的相送之情。

礼仪故事

李白和杜甫

李白和杜甫都是唐代著名诗人。他们两个诗才齐名，史称“李杜”。他们在中国文学史上的地位就像天上的双子星座一样，永远并列着发出不灭的光辉。而在现实生活中，他们则是像兄弟一样的好朋友。

天宝三年（744 年）的夏天，李白来到东都洛阳。在这里，他遇到了杜甫。此时，李白已名扬全国，而杜甫风华正茂，却困守洛城。李白比杜甫年长十一岁，但他并没有因为自己的才名在杜甫面前倨傲。而同样喜欢喝酒的杜甫，也没有在李白面前一味低头仰望。两人以平等的身份，建立了深厚的友情。在洛阳时，他们约好下次在梁宋（今开封、商丘一带）会面，访道求仙。

同年秋天，两人如约来到了梁宋。两人在此抒怀遣兴，借古评今。他们还在这里遇到了诗人高适，高适此时也还没有官位。三人各有大志，理想相同。三人畅游甚欢，评文论诗，纵谈天下大势，都为国家的隐患而担忧。这时的李杜都值壮年，此次两人在创作上的切磋对他们日后产生了积极影响。

天宝四年（745 年）秋天，李白与杜甫在东鲁第三次会见。短短一年多的时间，他们两次相约，三次会见，知交之情不断加深。他们一道寻访隐士高人，也一同去齐州拜访过当时驰名天下的书法家李邕。

李白是杜甫生平最钦佩的诗人。从诗歌艺术上说，也是李白影响杜甫最多。他们不愧是志同道合的好友，对于政治都很有警惕性，对于现实也都很敏感。虽然他们的诗作表达方式不同，中心思想却是一样的。

李白与杜甫的友情，比一般人的友情多了一些诗文才气，更具文人的惺惺相惜，也多了一些君子之交淡如水。

实践应用

说到忘年交，顾华不得不提学校的保安光头大叔。光头大叔，五十来岁，长得很凶，有一只腿是瘸的。光头大叔原本不叫光头大叔，只不过自从他剃了光头之后，大家也就忘了他原本的名字。顾华是读五年级的时候转学过来的，因此也跟着别人一起叫他光头大叔。由于光头大叔样子长得凶神恶煞一般，学生中有关于他的各种传说，有的甚是恐怖。

有了这些传说，学生们都不敢迟到，就是怕进校门时被光头大叔逮住。由于光头大叔的存在，学生们很少迟到。

有一天，顾华因为没有赶上公交车迟到了。快到学校时，他心里祈祷千万不要遇到光头大叔。但怕什么来什么，光头大叔偏偏就出现在了他面前，问他为什么迟到。顾华只好老实回答，因为没赶上公交车。顾华胆怯地看着光头大叔，做好了挨训的准备。但光头大叔却温和地说：“赶快去教室吧，我看你们老师好像还没进教室。”

于是顾华飞快地跑进了教室。正如光头大叔所说，老师因为要给大家准备试卷，上课时间过了几分钟才走进教室。

这件事之后，他对光头大叔就没那么害怕了。有一次，外面下着大雨，顾华没有带伞。他正想头顶书包回家，没

走两步就被光头大叔揪了回来。光头大叔对他说:“臭小子，跑什么跑呀?你要淋雨，也别让书淋雨啊!”

他说完从门后拿了一把黑色的大伞递给顾华:“拿去，记得还给我。”

顾华打着光头大叔的伞回家了。第二天课间操时，顾华才想起还伞，于是去保安室找光头大叔。另一个保安告诉他，光头大叔去图书馆借书了。

顾华没想到光头大叔那么喜欢读书，怪不得昨天不让自己顶着书包淋雨回家呢。

此后，顾华每次见到光头大叔都会打一声招呼。光头大叔便会放下手中的书或者报纸，抬起头来对顾华一笑。值班时，光头大叔并不像其他保安那样喜欢玩手机。上下学或者课间的时候，出入门口的学生多，他就站在门口维持秩序。

上课时，出入门口的人少，他便会在保安室看书看报。

后来相处多了，他才知道光头大叔以前当过兵，负伤后就转业到学校当了保安。

与光头大叔的相处中，顾华发现他爱学习，爱护书籍，并且喜欢帮助别人，是一个有点儿古道热肠的人。光头大叔也教会了顾华许多，让顾华印象最深的，就是爱护书籍，这让顾华端正了学习态度，不再是完成任务式的上课，而是要把知识装进心里的学习。

谁说朋友就要和自己一样大呢？只要谈得来，只要他具有良好的品质，有值得学习的优点，就可以成为自己的朋友。朋友是不分年龄的。

经典原文

别董大·其一

唐　高适

千里黄云白日曛，北风吹雁雪纷纷。
莫愁前路无知己，天下谁人不识君。

重点注释

◎董大：指董庭兰，是当时有名的音乐家。在其兄弟中排行第一，故称“董大”。

◎高适：字达夫、仲武，唐朝渤海郡（今河北景县）人，唐代著名的边塞诗人，世称高常侍，与岑参并称“高岑”，与岑参、王昌龄、王之涣合称“边塞四诗人”。

◎黄云：天上的乌云，在阳光下，乌云是暗黄色，所以叫黄云。

◎曛：昏暗。白日曛，即太阳暗淡无光。

◎谁人：哪个人。

◎君：你，这里指董大。

古文今译

天上的乌云横铺千里，遮天蔽日，天气阴沉，寒冷的北风送走雁群后，又吹来纷纷扬扬的大雪。董大呀，你不要担心前路茫茫没有知己，天下还有谁不认识你呢？

礼仪故事

钟子期和俞伯牙

战国时期，有一个人叫俞伯牙，他琴弹得特别好。

有一天他在深山老林里独自弹琴的时候，来了一个叫钟子期的打柴人。俞伯牙刚刚弹了一曲，钟子期就说：“峨峨兮若泰山。”俞伯牙心里很惊讶，因为他弹琴时心里想的情景正是高山，居然被别人听出来了。

俞伯牙心想：我换一个主题，我表现流水，看你还能不能听出来。谁知，钟子期一听，又说：“洋洋兮若江河。”不管俞伯牙弹什么，钟子期都能听出音乐表达的内容。

于是两个人因此成了好朋友，成了知音。但是，没多久钟子期就去世了。俞伯牙痛失知音，伤心到极点的时候，就把自己的琴给摔了，发誓永远不再弹琴。

后来，俞伯牙和钟子期的故事被大家所知晓，而他们第一次相遇的事情，则被人们称为“高山流水”。谈到高山流水的时候，人们就会想到伯牙和子期的深厚友谊。钟子期虽然去世了，但是他永远活在朋友俞伯牙的心中。

实践应用

俞伯牙因为失去了知音钟子期而不再弹琴，这是俞伯牙对待友情的方式。那么我们应该怎样对待朋友呢？当友情和原则放在一起的时候，我们该如何选择呢？陈语的故事，或许可以为我们解答疑惑。

周三的第一节课是陈语的班级上体育课。当时老师让同学们先跑个 800 米，然后自由活动。跑完 800 米后，陈语正准备回教室休息，却看到同桌王曼婷在沿着操场找东西。

他上前一问，原来是王曼婷的发卡丢了。那个发卡她很喜欢，前几天还给其他女同学看来着。

陈语心想，发卡那么小，怎么找呀？但王曼婷是自己的同桌，平时两个人关系也很好，算很好的朋友了。于是他想，还是帮王曼婷找一下发卡吧。两个人开始像大海捞针一般寻找小小的发卡。

找了几圈也没找到，王曼婷却不放弃。看着王曼婷没有放弃的意思，陈语不得不硬着头皮陪王曼婷一起找。

也许两个人找发卡找得太专注，第二节课的上课铃声响了，他们都没有听到。等到找到了发卡，已经上课半小时了。这可是班主任的数学课呀！于是他们两个灰溜溜地

回到教室，班主任没说什么，让他们坐下了。下课后，班主任叫他们两个去办公室。

当知道两个人因为找发卡而错过数学课后，班主任很是生气。班主任以严厉著称，问他们，是上课重要还是找发卡重要。两人都回答上课重要。

班主任又问陈语，为什么帮王曼婷找发卡而不去上课？是不是原本就不想上课？陈语说不是的，因为王曼婷是自己的同桌，又是好朋友，于是就想帮忙找到她最喜欢的发卡，但没想到居然错过了数学课。

虽然两个人认错态度良好，但是犯了错误就要受惩罚。于是班主任就叫他们找同学借数学笔记，把今天的内容抄十遍，明天交上来。

经过此事之后，陈语也知道：当友谊和原则性的问题发生冲突以后，应该遵守原则。帮助朋友或者为朋友做事，要以不违背原则为前提。

经典原文

南浦别

唐　白居易

南浦凄凄别，西风袅袅秋。

一看肠一断，好去莫回头。

重点注释

◎南浦：南面的水边。后常用称送别之地。

◎别：分别，别离。

◎袅袅［niǎo］：吹拂，这里形容西风吹拂。

◎好去：放心前去。　◎莫：不要。

古文今译

在西风吹拂大地的萧瑟秋天里，在南面的水滨旁，我与友人正心情凄凉地分别。回头看一次友人离开的背影，就肝肠寸断一次。朋友啊，你放心前去吧，不要再回头了。

礼仪故事

庄子和惠子

惠子是《逍遥游》里被庄子嘲笑“有蓬之心”的惠施。惠子是名家学派著名学者。“惠子多方，其书五车”，今天

“学富五车”的成语，就是出自惠子。

惠子常常和庄子辩论，多半是居于下风。据说惠子热衷于为国家出谋划策，曾经当过梁国的宰相。庄子出山之后，才名满天下，惠子就怀疑庄子想取代他。惠子这样的心思被庄子知道后，庄子就比喻惠子是喜欢吃腐鼠的鸱鸮[chī xiāo]。

看到这里，你一定以为庄子对惠子非常不屑。其实不然，他们是惺惺相惜、相互尊重的朋友。惠子先庄子而逝，庄子过经过惠子的坟墓，悲从中来，不能自已。

伤心过后，他回过头来对跟随的人，讲了一个著名的寓言故事来说明他和惠子的友谊。

庄子说：“郢[yǐng]地有个人，不小心把白垩[è]泥沾在了自己的鼻尖上。白垩泥只有蚊蝇的翅膀那样大小，于是他让匠石用斧子砍削掉这一块小白点。匠石挥动斧子呼呼作响，漫不经心地砍削白点。鼻尖上的白垩泥完全除去了，而鼻子却一点儿也没有受伤。郢地的人站在那里，若无其事，不失常态。宋元君知道这件事后，就召见匠石说：‘你为我也这么试试。’匠石说：‘我确实曾经能够砍削掉鼻尖上的小白点。虽然如此，我可以搭配的伙伴已经死去很久了。’自从惠子离开了人世，我就没有可以匹敌的对手了！我没有可以与之论辩的人了！”

从这个寓言可以看出，庄子和惠子是旗鼓相当，又相互欣赏、相互珍惜的朋友。这样的朋友，比一般的酒肉朋友还要珍贵。

实践应用

梁颖和同班同学的友情，也是珍贵无比。梁颖属于特别内向的女孩子，平时不会主动和人说话，更别谈交朋友了。但是她的内心其实是十分渴望朋友的，只不过她不善于社交。在别人主动跟她说话的时候，她的反应也迟钝许多，不会立刻回答好或者不好。所以当同学约她出去玩，她在考虑要不要去的时候，同学就已经等得不耐烦了。后来就很少有同学约她一起出去玩了。渐渐地，她也就越来越孤僻了。

事情发生改变是在她上五年级那一年。那时候，她爸妈工作调动，她也跟着爸爸转了学。进入新学校后她更加忐忑不安，每天就坐在座位上，哪里也不去。有一天，一

个长相可爱的女孩过来对她说："梁颖，我们一起去小卖部买东西吃吧。"

梁颖受宠若惊，心里想着该怎么回答，才不会让她觉得自己不愿意去呢。于是她就陷入了沉思。等她回过神来的时候，女孩已经在那里站了几分钟。但是女孩并没有离开，而是微笑着看着她，似乎坚持要等一个答案。

她对女孩说："好。"于是，梁颖低着头跟着女孩出门，往小卖部走去。

买了她们喜欢吃的零食后，她慢慢地往回走着，女孩也不慌不忙地走着。

她害怕女孩嫌自己笨，但是女孩并没有嫌弃她走路慢、说话慢……而是跟她说："以后我们就是好朋友了。如果你想买什么东西，就跟我一起出来，好吗？"这是别人第一次对梁颖和颜悦色地说话，她很开心，也把女孩当成了自己真正的朋友。

梁颖原本独自一人、黯淡无光的生活，因为女孩善意的行为，突然觉得霞光万丈。梁颖在女孩友谊的温暖和照耀下，孤僻的性格也变得开朗起来。